電學之父

法拉第

的故事

修訂版

The Story of
Michael Faraday

U0066817

台大生工系教授　張文亮 著

文經社

自序　我的老朋友——法拉第

法拉第是我的老朋友，縱使我們的年齡有一百六十三歲的差距，卻無損我對法拉第喜愛的程度。其實，早在高中時代，我就讀過「法拉第定律」，然而我對他的認識也僅止於此。

一九八〇年，我到美國加州大學戴維斯分校唸書。有一次打開收音機，剛好廣播節目正以話劇的方式講述法拉第的故事：「……法拉第在一次盛大的演講會中演講，當演講一結束，他便立刻從後台開溜，騎馬前往倫敦的貧民區，去探望一位生病的老婦人。而留下演講會會場中，英國維多利亞女皇、一大群的貴族、教授與名流，鼓掌不息地等他出來謝幕。」我才知道，原來法拉第是一個活生生、有趣的人物，而不只是課本裡冰冷的一個公式。

動作慢吞吞的我，一年以後才寫信給聽到廣播的家庭電台（Family Radio），查詢節目資料的出處。電台的回信，是兩本已經絕版的《法拉第傳》。天啊！這種好的東西怎麼可以隨便絕版！之後的十五年，我到處尋找，從各處把一本一本有關法拉第的書，或印、或借、或買，並且仔細查考研讀。

康乃爾大學歷史學系，威廉斯（L. Pearce Williams）教授所著的《法拉第傳（Michael Faraday, 1965. Published by Da Capo Press, Inc. N.Y.）》被《大英百科》認為是研究法拉第的經典之作，由於內容艱深，五百多頁的洋洋大作，我足足讀了兩遍以後，才進入狀況。

英國皇家學院湯瑪斯（J. M. Thomas）主任所著的《法拉第與皇家學院（Michael Faraday and The Royal Institution, 1991. IOP Publishing Ltd, Bristol, England）》在法拉第的電磁學研究上，有比較精闢扼要的介紹。

愛丁堡大學化學系肯道爾（James Kendall）教授所著的《法拉第——單純的人（Michael Faraday-Man of Simplicity, 1954. Faber and Faber, London）》對法拉第的生平，以及對於其他科學家的影響，有較多的著墨。

我很慶幸能夠在美國加州山景城（Mt. View）的一家舊書店裡，買到一八七三年出版，法拉第的老友格雷斯頓（J. H. Gladstone）博士所著的《法拉第傳（Michael Faraday. 1873. Harper & Brothers, Publishers, N.Y.）》，我是找到寶貝了——最骨董版的法拉第傳，每當我一想到此，心都會咚咚跳，猛流手汗，在尋找原版骨董書上，我是愛好得難以自拔哩！

一九九八年，我在英國倫敦Piccadilly街的舊書店裡找書，遇到一位來自希臘的教授，他與我一樣抱著一堆的舊書；他找古希臘的建築史，我找十九世紀的電學史。飛越千哩，只為舊書數本，彼此相顧地會心一笑，又轉回舊書堆中，愛書人的共通，一切盡在不言中。

有關法拉第與十九世紀電學史的關係，我參考亞普利亞（R. Appleyard）所著《電子通訊的先鋒們（Pioneers of Electrical Communication. 1968. Macmillan and Co. Limited, N.Y.）》，這是一本值得推薦的好書，使我知道法拉第同時期的科學家安培、惠頓、馬克斯威爾。

另外，我也參考曼第勒本（A. Mandelbaum）著的《電——能力的故事（Electricity-The Story of Power. G. P. Putnam's Book. N.Y.）》、當赫斯（P. Dunsheath）所著《法拉第——電學巨擘（Michael Faraday-Giants of Electricity,

1967. Thomas Y. Crowell Company, N.Y.）》、哈雷（T. Harvey）所著《探索法拉第（The Quest of Michael Faraday, Garden City Books, N.Y.）》、梅（C. P. May）所著《法拉第與電動力學（Michael Faraday and the Electric Dynamo, 1961. Franklin Watts Inc. ,N.Y.）》、包爾斯（B. Bowers）所著《法拉第與近代世界（Michael Faraday and the Modern World, 1991. EPA Press, Wendens Ambo, UK）》，伯斯岳爾（G.L. Verschuur）所著《隱藏的引力：磁的歷史與奧秘（Hidden Attraction-The History and Mystery of Magnetism, 1993. Oxford University Press, N.Y.）》、秦美根所著的《法拉第傳》（中國青年出版社）等書。

英國法拉第紀念博物館（The Faraday Memorial Library）在我前往尋找資料時，也提供了一些法拉第個人書信的影印稿。我也到英國皇家學院看法拉第的實驗室（地下室的一角）、實驗器材與演講廳，買到法拉第著的《一支蠟燭的化學史（Chemical History of a Candle, 1988, Originally Published 1861. Chicago Review Press, Chicago）》。

十五年來，我利用教書、研究以外的時間，閱讀消化這些作品，再撰寫成書，我想我是盡力了。但是，法拉第仍是個寶藏，期盼後人再多去挖掘。

目錄
CONTENS

Part 3 皇家科學院會員時期……147

CONTENTS

Part 1

學徒時期

年輕時的法拉第。
雖然他只受過小學教育，卻能將自己的失學，當做一生不斷尋求的祝福。

1 窮而不苦的童年

古希臘的水手都知道，
愛琴海上的美格尼西亞（Magnesia）島上，
有一種奇怪的石頭，
會吸引放在旁邊的鐵器。
如果，把這種石頭磨成細針，
這根細針就會像被條看不見的線拉著，
一端指向南極，另一端指向北極。
無論航海到什麼地方，
無論颳風下雨，

只要有這個小小的指南針，
總能告訴人，回家的方位。
這種石頭被稱為天然磁鐵；
其指方位的特性，
就以美格尼西亞為字源，稱為——
磁（Magnetism）。

高地的復興

什麼是磁？為什麼指南針總指著固定的方向？指南針被使用了兩千年，卻沒有人去探究，更沒有人知道，自然界有一個極大的祕密就隱藏在其中。如果能解開這個大自然的謎，對整個人類知識文明將是一個大爆炸。在不斷流逝的時光中，磁針仍然靜靜地指著神祕的方位。但那解開大自然之謎的人，在哪裡呢？

西元一五六七年，英格蘭與愛爾蘭打了一場激烈的戰役，鮮血染紅了愛爾蘭的泥炭草原，熾火燒盡了大片麥田。戰爭迫使愛爾蘭百姓四散，遠離家園。有一個家庭，流浪到蘇格蘭高地，在黑頭鷗的鳴叫，羊群咩咩聲中，努力生存下去，這個家庭的姓氏叫做「法拉第」（Faraday）。

二百年過去了，沿著蘇格蘭高地到約克郡（Yorkshire）的曠野，許多法拉第家族的人以種燕麥維生。一七七〇年，高地裡的人聽到了曠野中的馬蹄聲，也聽到旅行佈道家約翰・衛斯理（John Wesley）的宣講。高地聚會的地方，有個下定決心的人，前來簽下他的名字——羅勃特・法拉第（Robert Faraday）。有別於當時的政教合一，他們組成桑地馬尼安教會（Sandemanian Church）。高地的風還是一年一年地吹，追求真理的熱忱不斷興旺，聚會的地方已經增加到六十多處。逼迫他們的浪潮很大，時常有人被捕。

這個教會後來出了兩個歷史上非常有名的人：護理改革家南丁格爾（Florence Nightingale）與電磁學大師米契爾・法拉第（Michael Faraday）。

鐵匠的家庭

羅勃特．法拉第有十個孩子，他在高地裡所開墾的四十六英畝燕麥田，實在無法支持這麼多孩子，他要每個孩子學習一技之長，日後可以自力更生。惡劣的高地環境，孕育出一群不怕吃苦的人。十個孩子中的老三詹姆士．法拉第（James Faraday）離開高地，到貴斯吉爾鎮（Quthgill）當鐵匠。

當地有一小間的桑地馬尼安教會。離家的鐵匠在教會裡遇到一位眼睛明亮，秀髮披肩的女孩馬格麗特．哈斯特威爾（Margaret Hasterwell），她在當地的一家旅舍裡當女侍，她的工作勤奮、性情美好，為鎮上的人所欣賞。一到晚上，鎮裡的單身漢都往深谷旅舍（Deep Hill）的餐廳部擠，全是為了要一親芳澤，馬格麗特卻絲毫不為所動。

外表的美麗只能吸引某種水平的男孩子，只有深度的氣質，才能吸引高水平的男孩。她知道這些男士是被什麼吸引來的，她的心房裡單單只有在小教堂裡遇到的鐵匠——詹姆士。一七八六年，他們結為夫婦，一年後女兒伊莉莎白

（Elizabeth）出生，爾後又有第二個孩子，小羅勃特。

一七八九年，英國與法國交惡，許多貿易航線都因準備交戰而中斷，生意機會大減，市場蕭條，貴斯吉爾小鎮也受波及。鐵匠詹姆士只好搬家到泰晤士河邊，倫敦城郊的紐寧頓（Newington）。紐寧頓是進入倫敦城的交通要道，來往的驛馬車很多。從馬蹄、馬鞍，到馬車都需要用到鐵，鐵匠在那裡的工作機會比較多。

但是，到了那裡以後，詹姆士才發現四處湧來紐寧頓的鐵匠也很多，家裡的經濟看來像夜裡從倫敦飄來的霧一樣黯淡。即使打鐵是辛苦的工作，為了一家四口，詹姆士不得不比別人打得更加殷勤。一七九一年九月二十二日，米契爾・法拉第（以下簡稱法拉第）就生在這鐵匠之家。家裡又多一個嬰孩，父親的鐵鎚只好搥得更晚了。

窮而不苦

法拉第的家雖然窮，但不苦。法拉第後來寫的信件或手記，從未提到「苦」這個字。他寫道：「我的父親常常唱歌，我想我長大後喜歡唱歌，是受父親的影響。我的母親常常念詩給我們聽，母親非常溫柔，把一家整理得乾乾淨淨，對我們似乎有用不完的愛。貧窮沒有在家裡留下絲毫痛苦的痕跡，反而使一家人更加緊密。在父母的心中，窮是上帝給的祝福，不是咒詛。」

一七九六年，經濟更加惡劣。許多旅客為了節省住宿費，不再停留紐寧頓過夜，而是直接駛入倫敦城。詹姆士只好把家搬入倫敦城，在狹窄的查理士街（Charles Street），開了一家名叫「雅各井馬廄店」（Jacob's Wells Mews）。

「雅各井」是《聖經・創世記》二十九章記載的地名，是雅各在流浪時，初次遇到他妻子拉結的地方。在那裡，雅各把井上的大石頭推開，給拉結的羊群喝水。詹姆士把自己的鐵店取名為雅各井，實在是有意思；一方面記錄自己漂泊在外的心情，一方面也紀念自己是在漂泊時遇到愛妻，齊心打開艱難的環境，供給三個孩子的生活。

一八〇二年，英國準備與法國交戰，商人們開始囤積大量戰備物資，使得民間生活用品更加缺乏。這時雅各井馬廄店的樓上，又多了一個嬰孩——瑪格麗特（Margaret），更糟的是，長期打鐵的父親，身體逐漸衰弱，店裡的生意變冷清很多。

法拉第後來寫：「家裡的食物愈來愈少，我的食物是每星期一條小麥麵包，母親用一把銳利的刀，把麵包切成很多小片，我就一天吃兩片。」除了麵包以外，就剩燕麥煮成的燕麥糊，加上幾粒玉米，就是一頓飯。這一家人能樂觀地活下去，實在是靠著家裡永不匱乏的愛。

小學畢業的科學家

法拉第只受過小學教育而已，他寫道：「我的教育只能提供我最基本的裝備：簡單的閱讀、書寫與計算。學校以外的時間，我不是留在家裡，就是在馬路上散步。」倫敦市區內有許多歌劇院、雜耍場、茶飲店，法拉第可能只有在街道上瀏覽的份。法拉第在這樣的環境下長大，卻保持一生喜愛唸書、唱歌、繪畫，與高度的幽默感。

更沒有人會想到，一個只有小學學歷的窮小子，日後竟能發現「磁」的祕密，以實驗證明了電磁效應，建立了日後的「電機工程」，並把人類的知識文明，推進到電力的時代。

2 愛讀書的小學徒

「親愛的雷伯先生：
我之所以能夠一窺科學殿堂的豐富，
特別是對電理論的興趣，
全是由於您允許我，
閱讀您所有的書。
我今天能夠擁有一點點科學的知識與關注，
全是來自您的慷慨與寬容，
謹致上我衷心的感謝。

——法拉第 敬上」

有趣的師傅

（一八一〇年，法拉第寫於電學實驗觀察的筆記本上）

雷伯先生（Mr. George Riebau）在倫敦的布蘭弗德街（Blandford Street），開了一家印書店，他可能是當時最仁慈的老闆之一。他堅持一家印書店最重要的氣氛是「愉快」，因為愉快是團隊工作的潤滑劑。他訓練店裡學徒的目的，是讓他們發現自己的特長。雷伯一生只訓練三個學徒，結果一位成為作家，一個成為戲劇家，一個成為「電機工程之父」，沒有人繼承他的衣缽，不知道這樣的他，算不算是成功的師傅？

一八〇四年，法拉第自小學畢業，就到雷伯先生的店打雜。法拉第的第一個工作，就是收送報紙。以前印刷是昂貴的，報紙是一種奢侈品，所以一份報紙幾家一起看。當時英法戰爭已經開打，更多人要看報紙。法拉第的工作就是送報紙給人看，等人看完後，再把報紙摺好、撫平、邊邊對齊，再送給另一家閱讀。

這是一份很枯燥的工作，尤其站在一邊等別人看報紙多無聊。法拉第卻想出一種有趣的方式，來度過這種枯燥的生活。他跟自己比賽，看能用多快的時間、多有效率的方法，把報紙精確地摺好。他不知道自己已經在訓練自己：做事更迅速、雙手更靈巧。這一切，雷伯先生都看在眼中，一年之後，法拉第升任為正式學徒。

枯燥！我喜歡你

現在，法拉第要學的是，把別人送來大小不同的紙張裁好，放在木架板下壓平，再選適合的皮革，切割成封面，並在書面上銘字，或在封面上刻畫。裝訂書籍是很刻板的事，法拉第反而把事情做得很有趣。他又跟自己比賽，看能做多久而不用休息？書能夠裝到多厚？書的頁數愈多愈不易裝訂，但是他不久就能裝訂到一千頁。

能夠把很沉悶的工作，做得有趣又帶勁，這是一個從事科學實驗的研究者，

雷伯的裝釘書店。

法拉第當學徒的地方，他的自發性學習，使他開始接觸電學。

必須具備的本事。法拉第自發性的學習態度，讓自己即使在釘書機旁，也能學到一流大學所無法傳授的求學精神。工作之餘，他怎麼利用時間？

法拉第寫到：「這裡有很多書，我讀它們。」十年後，雷伯先生給年輕學徒的信中寫道：「……在下班後，法拉第又給藝術畫廊做免費學徒，他上午剛裝訂了它們的繪畫繕本，晚上就看這本書。一星期前，他為『藝術與科學協會』裝訂了《電動機器》一書，他又做了一星期的電動機器學徒。他白天裝訂什麼書，晚上就做那本書的學徒……有時候他做礦物與植物學的學徒，連地下水道、輸水幹線、橋樑建造的書，他也讀。他頭腦的空檔已經被書籍預約滿了……有些客人送來一些有趣的書，像湯姆生（Thomson）著的《化學》四大冊、《論愛爾蘭豬的關節炎》、版畫藝術……他都喜歡看，只要有裝剩的，我都叫他留著……但是，我看他最常放在口袋裡，隨處帶著的是以撒·華滋博士（Dr. Isaac Watts）著的《悟性的提升》（The Improvement of the Mind）一書。」

以撒‧華滋的讀書法

以撒‧華滋是一個非常博學的人，他同時寫了很多詩歌，如：〈千古保障〉、〈奇妙十架〉等，至今仍廣為流傳。在當時，有許多失學卻又上進的年輕人，以撒‧華滋寫《悟性的提升》的目的，就是提供他們一套有系統的讀書方法，使他們的悟性與心思，獲得提升與更新。

這本書一開始就指出：「讀書好像吃核果。有人讀一大堆書，只嚼到一大把外殼，而沒有吃到裡面的核仁，結果味如嚼蠟。」那麼如何吃到裡面的精華呢？以撒‧華滋提出五個方法：

第一、需要做個人手記：

隨時隨處記錄自己的心得、靈感、收集的資料、有趣的事情，或是值得保存的蛛絲馬跡。這是累積個人資料庫的最好方法。如此讀書才能像蜜蜂採蜜一樣，收集、分析、消化，重新寫出自己整理的思路。

法拉第在一八〇九年讀到這本書後，他立刻在身邊放一本小冊，他在封面上寫著《哲思雜錄》（The Philosophical Miscellany），將所看的書、期刊、雜誌，或聽見的趣事，以自己的口吻記錄下來。這成為他的休閒，也成為他與別人溝通的材料。

第二、需要持續上課：

因為一顆願意受教的心，才能獲取讀書的最高效益。對於一個失學的人，要有一顆受教的心是很不容易的。失學或低學歷使人自卑，不是放棄、封閉自己，就是陷在自憐的泥淖中，期待別人以稱讚來肯定自己。

一八一〇年，法拉第跨出這一步，經常去「都市哲學會」（City Philosophical Society）上鐵頓先生（Mr. Tatum）的課。

第三、要有讀書的同伴：

一個讀書的人，不能像一隻鸚鵡，不斷地呢喃書本怎麼說，或老師怎麼說，讀書的樂趣不只在人與書的關係，也在於人與人之間的分享。以撒・華滋寫道：「讀書需要互動的討論，討論不只在口頭上，也可以在書信上。」

一八一二年，法拉第在科學教室裡認識了愛伯特（Benjamin Abbott），兩人經常在書信上，或是在不定期的聚會上討論科學。愛伯特比法拉第年長數歲，是大學畢業生，有很好的文筆，又擔任法庭的書記官，卻喜歡與法拉第在一起。兩人持續來往有五十年之久。法拉第在後來發表重要研究時，愛伯特常坐在觀眾席裡，真誠地注視著臺上的法拉第。

一八六二年，愛伯特回憶道：「我們在一起的時候，科學是我們最愛討論的話題，但有些時候，我們也會合唱幾首歌曲……有一次，法拉戴著一頂怪裡怪氣的高帽子，到皇家法庭來找我散步，他是那麼正經地討論科學，我卻為路人的側目，感到不好意思。有時候，我們在實驗室配製一些能爆炸的混合物，並到市集裡引爆，然後在人群騷動中，我們迅速離開。當然，這種頑皮事，我們只做過幾次而已。」

第四、要成立讀書會

讀書會的目的不在為某種專業或科學知識，而在聚集各樣不同領域的知識。以撒・華滋寫道：「讀書會使你有機會接受不同領域的批判……經過別人的批判，會使人更紮實地邁向真理。拒絕被批判的結果，是會自陷於矛盾的泥濘中。」

一八一八年，法拉第自組讀書會，除了他與愛伯特以外，還有四個城市哲學會的同學。每人負責兩個月。討論的主題，有些與科學有關，例如：〈論研究〉、〈寫給數學的一封情書〉；也有與科學無關的，例如：〈論睡眠迷人的地方〉、〈論女性提早就業之道〉、〈論迴光返照〉、〈論辯論〉、〈女性迷人的氣質，需要奢侈裝飾嗎？〉等，相當具有啟發性。一個人讀書若能遨遊於不同的學術領域中，接受不同領域的批判，可以減少只懂得用專有名詞、熟悉的思路，去講解自己領域的書匠氣。

在一八一八年，法拉第在〈論幻想力與判斷力〉一文中，寫道：「最好的果子，總是掛在最高的枝頭上，需要最高的梯子才能摘到它。這個梯子有二根支撐柱：判斷力與想像力。判斷力是學習來的，使人分別是非，能夠瞄準最好的果子在何處；想像力是從感覺來的，使人聯想不同事情的相似性，給人帶來喜悅，欣然接受往上爬的困難。判斷力加上想像力，就是讀書的智力。」

他又寫道：「敏銳的心是經常察覺到周圍大自然的豐富。去感覺，才知道大自然的細膩。光是由多種顏色的光波交織成的，景物是明亮與陰暗的互補，輪廓是單純與複雜的勾勒，這是上蒼的恩典。有人用『唯物』的觀點，去解釋這一切，認為在純理性的追求，不需要有『心靈』的層次，唉！人不用『心靈』，怎能體會『唯物』的產物呢？」這一段敘述，看出法拉第的思考，已經接近哲學的層次，脫離傳統的書匠氣。

第五、學習仔細的觀察與精確地用字

以撒・華滋給陷在知識迷宮裡的人，拉出一條走出困惑的線索，他寫道：「不要由幾個特殊的觀察現象或實驗結果就驟下定論；一個研究者本身就是一個對自己最嚴格的批判者。沒有經過批判的資訊，不管多麼吸引人，都是沒有意義的。一個研究者，必須注意這種人性的陷阱。」

關於用字精確的方面，以撒・華滋寫道：「對於一個初學者，我給的最佳建議是不要把你的才智，停留在文字的層面，文字與事實是有相當的距離，只有用心思想的人，才能拉近文字與事實之間的距離。很多人用字是很鬆散的，用相同的字，背後的意義都是不一樣的。瞭解字面的意思，不見得就知道事實。往往是你愈知道事實，就愈不會隨便用字，只好另創新字，才能說明清楚。這就是一個新的理論被發現，就產生新名詞的原因。而大家用那些新的名詞時，卻忘了原來的事實。」

但是，年輕人也需要小心，有些新的名詞只為流行，或為表現的效果，而不具有什麼內容。這是「流行的新名詞」與「嚴謹的新名詞」不同的原因，前者重表達效果，後者重實質內容。

法拉第一生發表了四百五十篇的研究報告，他認為以撒・華滋第五點的建議，給他一生的幫助最大，使他在書本之外，能夠用觀察、實驗取第一手的知識，並且用精確的文字發表。後來有人問法拉第：「如何成為一個偉大的科學家？」法拉第回答說：「工作、完成、發表（Work、Finish、Publish）。」

電離子的發現

法拉第在一八三四年研究水中電解質的現象，就提出一些新字，例如：「離子（ion）」是在水中能自由移動的帶電物質；「陰離子」（anion）是往陽極移動的離子；「陽離子」（cation）是往陰極移動的離子；在水中導電的稱為「電解質（electrolyte）」。水中陰陽離子的「電化學當量」（electro-chemical equivalent）相等。這些名詞在現在的每一本化學課本中都會提到。

法拉第定義了這些新名詞，再去表示「電極與水溶液的界面，所產生的化學變化量與通過的電流成正比」，這是非常有名的「法拉第電解定律」（Faraday's Law of Electolyte）。因此定律的發現，法拉第被稱為「電化學之父」。然而，在法拉第的一生裡，他從來不稱自己是化學家或物理家，他以「自然哲學家」（Natural Philosopher）自居。

3 第一個實驗

悌特爾（James Tytler）是什麼樣的人？

有人罵他是粗魯的人；

有人說他根本是個科學門外漢；

有人笑他的長相是個酷似天才的白癡；

有人懷疑他精神有問題。

因為，他宣稱：

「光、熱、電與聲音都是能量的現象，

只是運動方式不同罷了！」

把年輕的法拉第引到電學之路者，

正是他的作品。

趁老闆還沒後悔前

悌特爾實在是癡人說夢話，電、熱、光與聲音，這麼不同的東西，怎麼都是來自能量？如果是這樣，只要以能量為核心，就能將電、熱、光與聲音互換了！有誰相信這種論調？法拉第在《大英百科》上讀到悌特爾的論調後，開始對電學的興趣。他認為，問題不在相不相信，而在於自己有沒有去驗證。

一個訂書店裡的小學徒，竟然想去驗證科學界的謎團！法拉第把悌特爾寫得密密麻麻、一百二十七頁厚的《電學》看了幾遍，再把自己所存的七分錢拿出來，到舊貨店去採購。他看上了兩個舊電瓶，但是一個電瓶的標價是六分錢，實在買不起，只好回去。

接下來的幾天，小吉斯特菲爾街（Little Chesterfield Street）舊貨店的老闆，常看到一個年輕人來到店裡，在舊電瓶間繞來繞去，一下子打開錢包數來數去，一下子又輕撫著電瓶嘆氣，然後走出店。

有一天，老闆把他叫住，叫他要想買就快，不要每天進來撫摸電瓶。法拉第只好拿出六分錢買了一個電瓶。「另外一個電瓶呢？」老闆問道。法拉第不好意思地打開錢包，老闆往錢包內瞧了一眼，伸手就把錢包裡的那一分錢也掏出來，看著另一個電瓶，向法拉第點頭示意。於是，法拉第就高高興興地把兩個電瓶給抱走了。

這兩個電瓶，就成為法拉第實驗室裡的「哼哈二將」，一個當靜電產生器（electrostatic generator），一個當來頓瓶（Leyden jar），法拉第的好奇與求知慾，率領它倆闖進了一大片電學的曠野。

關注的與別人不同

在父親詹姆士的咳嗽聲中，一八〇九年的冬天，好像過得特別漫長。打鐵的煙渣、狹窄的布蘭弗特街，使得馬雅各井馬廄店的空氣特別汙濁，法拉第的父母親只好把家搬到較近郊區的威茅斯街（Weymouth Street）。新家距離雷伯先生的店比較遠，善良的雷伯先生允許法拉第住在他的店裡，還包括給法拉第的哼哈二將一些擺放的空間。

一八一〇年春天，英國與法國的戰爭開始露出一線勝利的曙光，全國人注意的焦點是陸軍大將威靈頓（Wellington）如何橫跨庇里牛斯山，攻向拿破崙的軍隊。但是，倫敦街頭卻有一個人在想如何讓他的哼哈二將產生更多的電。

忽然，他看到路邊貼著一張廣告：鐵頓先生有一個「都市哲學會」的教室，每星期三晚上八點上課，地點在朵斯特街（Dorset Street）五十三號。上課內容包括：化學、電學、靜力學、光學、機械學、地質學、天文學……等等，入會費只需要一先令（十二分錢）。

一先令並不多，但是對法拉第而言，一先令是望而止步的高山。他不敢向雷伯先生借錢，雷伯先生對他已經夠好了。他也不好意思向勞累過度病倒的父親要錢，或許他現在應該要做的，是趕快投入職業市場，趕快賺錢。讀那麼多書有什麼用？電學有什麼用？如果有用，為什麼賺不到錢？

法拉第是一個單純的人，心裡所掛慮的，臉上就會露出來。法拉第的哥哥羅勃特看出弟弟有需要，就給他一先令，讓他去報名鐵頓先生的課。自從法拉第的父親病倒以後，羅勃特就接手父親的工作。法拉第知道為這一先令，哥哥不知要捶多少下的鐵鎚。

讓街燈亮起來

這來自兄弟相愛的一先令，所震盪出的漣漪，對於日後化學工程的發展，卻是個軒然大波。十五年後，羅勃特已經不做鐵匠，改行從事街燈照明的工作。那時還沒有電燈，街燈的照明是藉著燃燒油氣——那是一條細管，一端接著街燈，一端接著一只油桶，油桶可以受到三十大氣壓的壓力，將石油的蒸氣送到遙遠的街燈。

但是，石油是一種混合物，燃燒溫度的不同，所發的亮度也不同，並且時而放出難聞的臭味，使得街燈的用處大打折扣。羅勃特找法拉第幫忙，設法解決燃

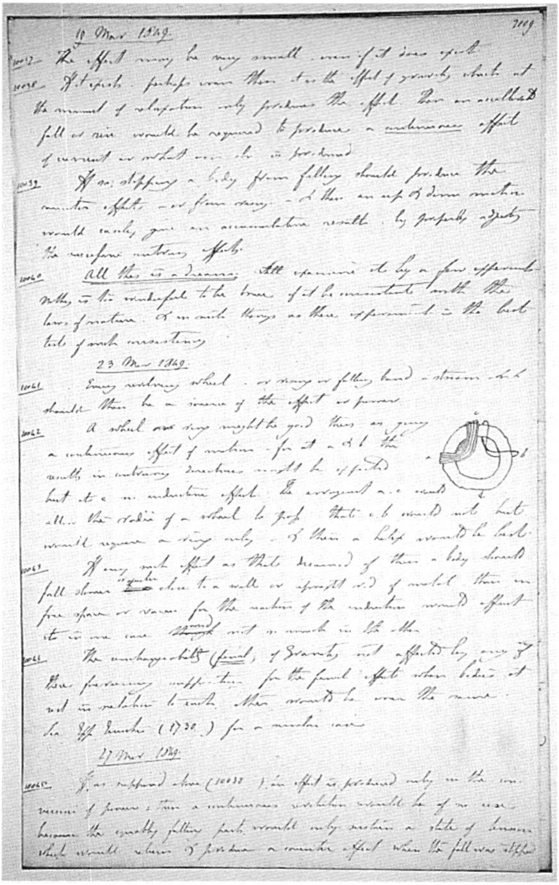

法拉第的筆記。

這份筆記至今然裝幀整齊地放在英國家科學會裡。一個會讀書的人，就從作筆記的功夫裡看得出來。

燒石油時所產生的臭氣問題。

法拉第隨即接受哥哥的託付，仔細地從事實驗，他從石油公司要到樣本，以攝氏10度為一單位，逐漸地增加溫度，分析不同的溫階所蒸餾出來的物質。他發現石油在176度到190度所蒸餾出大量透明、無色的液體，燒起來也沒有臭味。當初法拉第只想幫哥哥解決問題，沒想到蒸餾出有機工業，如：染整、製藥、塑膠等最重要的原料——苯（benzene）。

著名的物理學家拉塞弗德（Ernest Rutherfordd, 1871-1937），一九三一年寫道：「我愈瞭解法拉第的研究就愈認識到，他是人類歷史上最傑出的實驗者、最聰明的自然哲學家。當我明白，他的發現對科學、工業影響深遠，我不得不讚嘆他是貫穿歷史時空，最偉大的發現者。」

一八一〇年，這位人類歷史上最偉大的發現者——法拉第，正拿著一先令，進入鐵頓先生的科學教室。當時街道上成群的人們，正在歡呼那前往歐洲戰場的炮兵隊。

4 認真的求學態度

法拉第緊張地站在教室門口，

選好講桌前的第一個位置坐下。

三、四十位與他年紀相仿的人，

穿著工人的服裝，學徒的打扮，會計員的長袖，藥店員的圍巾，

「噓！老師來了！」

穿著嚴謹，不苟言笑的鐵頓先生進了教室。

「各位女士，各位先生！」

他總是這樣開場白，即使教室裡沒有女學生。

「你們相信強鹼可以溶解最安定的氧化矽嗎？」

所有同學的上半身都前傾，
聽著空氣中流洩著液體傾倒的聲音，
看著白色的礦物，在液體中翻轉。
在這教室裡沒有固定的老師，學生也是老師，
每兩星期鐵頓先生只講一次課，另一次就是學生講，
而且，隨時歡迎大家提出疑問，
就是這所科學教室，
建立了法拉第對科學廣泛的認識。

不一樣的認真

一八一〇年二月，法拉第進入鐵頓的科學教室，他非常珍惜再次進入課堂的機會，立志要在每一堂課裡，獲得最大的效益。法拉第認為理想的求學方式，關鍵在於一份最理想的「筆記」。

法拉第寫道：「我記筆記的方法，是每次上課以前，把一張或兩張紙摺成一半。我上課時都選最靠近講桌的位子，然後把我的帽子放在我的膝蓋上，再把筆記紙打開，像一本書的樣子放在帽子上。鐵頓先生講課時，我在筆記紙的左邊，迅速寫下上課主題、實驗名稱、藥品名稱、實驗方法、結果、關鍵字句，在右邊寫下在我腦中瞬間閃過的反應與看法。下課後，我馬上回家，趁著印象仍深，立刻將第一份筆記，完整而有次序地謄寫成第二份，這裡包括我所記的每一個細節，我是用自己的思路來貫通，用自己的語氣來書寫……最後我會就上課內容的疑點，再去查書、默想、實驗與老師討論，以做為第二份筆記的補充。」

有意思的是，法拉第經常在筆記後寫下如果以後自己教類似的題目，他要怎麼教，例如他在〈機械論〉的筆記上寫道：「在機械論的敘述方面：我與鐵頓先生有不同的次序，他先教滑輪，再講轉輪，最後才上槓桿，但我認為教材應該是愈容易先講，再講較複雜的，於是我把筆記中的次序倒過來。」

有時候，法拉第還會批評教材。在〈地質學〉的筆記上，他寫著：「這堂課太多理論，太少實驗，而且在各種礦物成分的表達上，缺乏系統。夜裡我再查考湯姆森所著的《化學》第三冊與第四冊，才把這些不清楚的部分，很有條理地補足起來。」

他的遠見果然派上用場了，從一八一七年到一八一九年，法拉第回到「都市哲學會」教化學，每堂課所用的講義很少超過二頁紙張，而且與他的筆記一樣是每張紙對摺的，左邊寫課堂的關鍵字句，右邊配合著實驗步驟。

做筆記是讀書的關鍵

法拉第認為，作筆記是學生上課專心學習最好的方法，而筆記的內容不是老師說話的錄音帶，而是上課內容的消化與自己思路的彙整。法拉第甚至認為「不會作筆記，整理自己思路的人，是求學路途的殘障者」。

一八一三年，法拉第在給愛伯特的信上寫道：「讀書是一種藝術，要不斷地去接受挑戰、接受批評，才能逐漸成長茁壯。很少人天生就會讀書，這種人對於知識的獲取有一種自信，他們對求學的動機，對文字表達的接受力，對思考的解析度與整合力是天生的。但是大多數的人，包括我，並非如此。

讀書像是游泳，一不小心就會嗆到水，而且游得了小池塘，不見得會游小河川；會游小河川，也不見得能游大海洋，我對讀書就是天生缺乏自信，只好加緊努力，不斷地學習，把人生的每一讀書階段，皆視為改善讀書方法的不同階段。

因此，我對作筆記的方法特別小心。作筆記可以一直保持我的注意力，免得我的心思渙散，在作筆記上下功夫，是提升自己心智能力的方法，並且能夠迅速地抓住什麼內容是應該注意的重點，什麼內容就讓它輕輕帶過就可以了。」

法拉第認為「個人學習中最好的部分，都從錯誤中學得的，而且知道自己的每個認知，都有失敗的機率存在」。因此，不會自滿與驕傲，所以後天不斷改善讀書方法，求學過程跌跌撞撞的人，比天生會讀書，求學一帆風順的人，學得更好、更多。

我們那一班都像動物

法拉第的求學方法，除了注意作筆記之外，也注意到讀書周遭的環境，例如：光線是否足夠、桌椅高度是否適當、空氣是否流通，房間裡有沒有臭味。

一八一三年，他給愛伯特寫道：「當教室人太多時，空氣的汙濁，會給我一種窒息感。我希望這時老師立刻下課，燈可以熄掉，讓我能到教室外面獲得新鮮空氣。保持上課專心與樂趣，莫過於教室內有新鮮的空氣，尤其是夜晚時……。」

法拉第在當學生時，就認為自己是班上的小老師。一八一三年，他又給愛伯特寫道：「有些學生就像瞪羚（羚羊的一種）一樣，眼睛大大地看著講臺，但腦筋一片茫然；有些學生是來看戲的，不僅上課內容要配合他們，連教導的方法都要適合他們的胃口；有些學生就像蜜蜂，上課不求甚解，只求把一切內容抄回去，你問他上課學到什麼？他說：『嗯……嗯……都一樣啦！』有些學生就像膽小的小鳥，一點困難的教材，一點邏輯的推導，他們就想往教室的後門溜出去。

因此，什麼樣的教學適合每一種學生呢？我認為是在上課教導時，除了在重要的地方用圖表說明外，最好同時示範實驗，以增加教學的效果。」

法拉第認為在課堂示範實驗，是科學教育裡的美學。實驗示範並不是科學教育的萬靈丹，因為安排不妥的實驗，不過是浪費上課時間，笨拙的實驗示範更是事倍功半，法拉第繼續寫道：「實驗示範時，所有的試驗器具要依序擺在講桌上，每一道實驗示範，都可以讓周圍的學生看到，沒有含糊混過去之處，示範者的身體也不可以擋住實驗器材，並且在每一個實驗都該具有連貫性。」

心目中的老師形象

教學是一門藝術。法拉第寫道：「老師上課，就像帶學生到一條花香滿徑的地方散步。因此，老師在講課時，講話速度不宜太快，好像急著要做結論似的，也不宜講得太慢，好像要把學生的大腦反反覆覆地浸泡在同一種液體裡，學生不昏睡才怪。語言是思想的外衣，要讓自己的語言與思想和諧，均勻地一起表達。

用語言把一個概念清楚而無完整地表達出來，這是老師的責任。

科學教育本來就是一件令人興奮的事，不能怪學生懶散、不感興趣。老師不是木頭人，因此上課時，要用動作來加強語言，用語言來產生動作。如果教學沒有動作，就像朗誦文稿的官吏。依我所知，自然界裡沒有一種動物，發聲音是沒有動作的，但是有些人一上講臺，兩腿被黏在地板上，兩手就黏在講桌上。其實，身體也是一種教學的工具。

老師站上講臺時，應該是輕鬆、沒有掛慮的、不緊張的，他的心思是清楚的，而不是還在想自己的事情。進入主題時，也不要像機械一般的僵硬，身體姿勢的改變，會自然產生一種和藹的氣氛，不要太常背對學生，記得把臉孔朝向學生，這對他們是一種尊重……在做實驗時，失敗是偶爾的事，不用太刻意向學生道歉，因為，我發現學生在錯誤的實驗中，學得更多。老師需要道歉的，是因為實驗的重做，可能多花一點他們的時間所造成的不便。

有時實驗的結果，與理論並不符合，這是老師保持客觀的時候。科學可以包含完全對立的理論，此時，老師可以強調兩種對立理論的優點、缺點，與有疑問之處，讓學生們也學習客觀的判斷。

成為一個老師，其職分是尊貴的、神聖的，不需為學生的鼓掌而折腰，為贏取外界的稱讚而刻意奉承。我認識一個老師，他是一位一流的實驗示範者，但他經常自責及對自己完美地要求，是來自對外界讚美評價的渴求。他變成一個經常自我定罪的苦行僧，祈求別人的掌聲，以做為自己自卑的贖罪券。」

一八一三年，沒有當老師經驗的法拉第，對於教學就有這麼深入的看法，難怪從一八二五年直到一八六二年，他能在皇家學院（Royal Institution）擔任「星期五之夜討論會」（Friday Evening Discusses）的主持，整整三十七年的時間，這個討論會成為全國最優秀的科學教室。

5 月光下的擦鞋匠

「馬斯克里爾（M. Masquerier）先生，您能教我畫圖嗎？」

法拉第站在樓梯口，緊張地問道。

「你憑什麼認為我會畫圖？」對方的口氣很冷。

「雷伯先生說您以前是法國的宮廷畫師，還替拿破崙畫過畫。」

法拉第的眼睛露出想學習的渴望。

「呸！拿破崙這個戰爭販子，還配不上我為他作畫。

我是看清了他，才遠離家鄉，逃到這裡。」

「是，是……雷伯先生也是這樣說的。」

「如果我教你畫圖，你怎麼付我學費？」

「我，我……沒有錢，但我一定盡力學。」法拉第囁嚅道。

「什麼！沒錢你也敢請法國最偉大的藝術家教畫？」對方吼道。

「對不起！」法拉第頭更低了。

這位藝術家，好奇地端詳他一陣子後。

「好吧！每天晚上來幫我擦鞋，

記得，一個藝術家對於皮鞋上的一點灰塵都會過敏的，對鞋縫裡的一粒沙都會在意的。完全的光亮，知道嗎？」

「是！」從此，每天晚上法拉第上樓來擦皮鞋，

在皎潔的月光下，一遍又一遍地擦拭。

他學得繪畫透視圖的技巧，而且練得一手的好字。

更重要的是，從此他經手的每一個燒杯、三角瓶都洗得一塵不染，

對一個做實驗的人而言，這是何等重要的一件事。

志同道合的朋友們

機會是公平的，然而經常被努力的人取得。努力的農夫理當先得糧食。反對拿破崙好戰的馬斯克里爾，自法國逃到英國倫敦後，剛好就租在雷伯裝訂書店的樓上，這給好學的法拉第一個很好的學習機會。

馬斯克里爾有藝術家完美主義的挑剔，而且罵人很刻薄，但是法拉第全忍了下來，他珍惜每一個可以上進的機會，即使不是每一個機會都十全十美。把握現今，是對未來美好的預備。

法拉第除了向馬斯克里爾學習繪畫與寫字以外，也向「都市哲學學會」的同學馬格拉斯（Edward Magrath）學習文學寫作、向愛伯特學習文法，藉以彌補他在正統文學教育的不足。大部分都市哲學學會的同學，都是來自下層社會的窮人，因此外界諷刺他們是「窮人哲學學會」。他們唯一的資產是有一顆上進、學習的心。

一八一三年至一八二〇年期間，馬格拉斯、法拉第、愛伯特、伯納爾

（Edward Barnard）、菲力浦（Richard Phillips）、豪恩（Horn）等人，組成另一個核心小組——「文藝俱樂部」（Athenaeum Club），定期聚會討論文章，檢討用字、文法與文章結構。馬格拉斯後來長期擔任這核心小組的聯絡；愛伯特是法拉第終生好友；伯納爾與法拉第來自同一教會，伯納爾的妹妹撒拉（Sarah）後來成為法拉第的妻子；菲力浦後來成為一位化學家，並擔任《哲學雜誌》（Philosophical Magazine）的編輯。

拒絕政治與科學相混

至於豪恩，經常引用諷刺政治的文章當題材，其他組員勸他更換內容。法拉第寫道：「我們的討論是不限題目的，但不討論政治。」政治有太多的主觀，而且把每個人依政治立場分類。三次勸豪恩不成，只好請他不要再參加了。

三十年後，法拉第寫道：「哲學是一群人安靜地從事純科學的探討，不需要有人用情緒性或催促性的字眼或討論，叫人起來行動，多少激動的言論，是毫無價值的，我期待我的一生遠離這些事……我不想去干涉別人的想法，科學是精確的法則，找到了用文章發表，社會就會有收穫。」

科學家是先仔細實驗，再發表。政治人物是先發表，再用社會大眾做實驗。政治的歸政治，科學的歸科學。

令人驚訝的學徒

一八一〇年春天，法拉第在都市哲學學會第一次演講，他認為電的本質不是一種名叫「以太」（aetuer）的流體運動，而是兩種不同力的相互作用。他是根據書本的記載、最新的研究發表，與自己的實驗所整理出來的結論。

一個十九歲的學徒講說電不是以太，反對一元流體論是非常大膽的事。當時的學術界是支持一元流體論的，鐵頓先生也是持傳統的看法。怎麼會有一個學生敢講，電是兩種性質相反、力量相同的力結合？不過，法拉第末了說道：「這是我的大膽假設，由不同物質電的特性，混和後就可以推測其化學反應。」

鐵頓先生心中為之一驚，自己並不是當時傑出的科學家，怎麼會教出這麼傑出的學生？都市哲學會在一八〇八年成立的目的，不在於培養大科學家，而是相信科學家有提高社區失學學生知識水準的義務，讓這些下階層的學生，因著知識水準的提升，有獲得較高社會地位的機會。

怎麼這裡會有一個學生，講論劍橋、牛津等大學高材生都未曾聞問的題目，而且演講時，還會引用最高學術單位「皇家學會」（Royal Society）的研究期刊報告。一般的大學生不僅研究報告看不懂，恐怕連研究期刊是什麼都不知道。於是，課後，鐵頓先生再指定更多的研究報告給法拉第看。

這是不務正業嗎？

法拉第的求學歷程，並不是從此大放光明。一八一〇年十月，父親詹姆士病逝，有一年多的時間，法拉第變得非常安靜。

一八一二年七月，法拉第逐漸走出陰霾，在給愛伯特的書信中寫道：「在雷伯先生的店裡，我在一串鋅塊與銅塊中間置放紙片，一同置於鹽酸溶液中，進行電流產生的實驗。」不久，他又寫信提到：「一片樟腦丸在水中的運動」、「跑步時，身體的散熱與風速關係」、「杯中加水對於光線的折射」的實驗。

一八一二年十月七日，法拉第結束學徒生涯，揮別了慷慨待他的雷伯先生與經常煮宵夜給他吃的雷伯太太，法拉第成為正式的書籍裝訂師。由於雷伯訂書店在倫敦享有極高的名譽，雷伯先生訓練出來的學徒，當然有很多裝訂書廠要聘，但是滿腦科學研究的法拉第，到處做得不愉快。

最後，他到洛基（De La Roche）訂書店落腳，卻跟老闆吵了一架。老闆心想，法拉第明明是個訂書匠，為什麼晚上不能加班、還要去聽課？雷伯怎麼會訓練出這種不務正業的學徒？

初識恩師

有一個影響法拉第、改變他一生的契機，早在半年前已經埋放在他的身邊。

當斯（William Dance）是皇家學院的會員。一八一〇年二月，當斯送一些科學報告，來雷伯的店裡裝訂。眼光銳利的當斯，看到法拉第的工作態度，就知道這是個人才。他在法拉第身邊站了一陣子，也被雷伯看在眼裡。雷伯把當斯請到店的一角，偷偷地給他看法拉第所做的筆記，當斯看了更是嘖嘖稱奇，沒想到裝訂書店裡有這麼一位科學瑰寶。

隔天，當斯給法拉第四張票，可以聽化學家戴維（Humphry Davy,1778—1829）四次的演講。法拉第果然準時赴會，第一次與第二次，戴維講解氯是一種不能再被分解的元素。發現氯是一種元素，是戴維最傑出的研究。第三次戴維支持法國化學家拉瓦錫（Antoine Laurent Lavoisier,1743—1794）的論點，燃燒是有氧氣的作用，而非燃素的影響。第四次戴維講述比水輕的金屬——鉀與鈉。

當時的戴維是化學界最閃亮的一顆星，同時又被稱為科學界第一美男子，他還是單身。上課時，皇家學院七百個座位的教室裡，大多是坐著盛裝而來的貴族少女，真是美不勝收。但是對法拉第而言，他不見別的，只見戴維的實驗。

聽完演講後，法拉第立刻回家，幾乎是整夜未眠，才能把戴維的演講內容，融會貫通地整理出來。深夜裡，彷彿仍傳來戴維教授鏗鏘有力的聲音：「什麼是化學？化學不是拿來配藥、煉礦、做肥皂的工具。化學是瞭解大自然奧祕的一扇窗；是打開科學未知領域的一把鎖匙，我們四周最奇妙、有趣的現象，大多與化學有關。」

興趣與現實衝突時

每當科學研究，像是一塊磁鐵，緊緊地吸引法拉第時，現實生活的需要與社會的價值觀，就會深深地壓迫法拉第的良心。法拉第知道，如果自己再如此地不務正業，哥哥的工作壓力就更大了，妹妹也沒有錢唸書。

何況，自己已經受了多年的訂書訓練，竟然又在上化學，那過去的時間不是都浪費了？而且從事科學研究的工作，都是一些高等學歷之人的專利，而自己只有小學程度，真是不自量力，還是現實一點吧！

一八一二年十月，法拉第給一封友人的信中寫道：「我必須退出哲學會的所

戴維的畫像。

他是科學史上最英俊的教授，發現了鈣、鎂、鈉、鉀等十五種元素，被稱為「無機化學之父」。但晚年時，他卻說：「我一生最大的發現，是發現了法拉第。」

有課程與討論，因為這些已經完全佔據我的心思與時間。自從學徒訓練結束後，我在一個完全讓我失望的地方從事我的本行。每天醒來的第一個想法是，是不是今天就要辭職了？我比以前更沒有時間與自由，比以前更沉默了。比起不斷進步的科學列車，我好像愈來愈追不上最後一節車廂，也許我該止步了。」

家人的支持最珍貴

在這關鍵時期，支持法拉第繼續走向科學之路的，是他的家人。

首先，他的母親對他說：「你的父親詹姆士，在死以前，念念不忘的是，你有沒有快樂地在從事什麼實驗……」父親死的時候，法拉第仍在雷伯的店裡從事伏特電池的實驗，這是法拉第一直自責的事情。

其次是他的哥哥，捲起袖子，手臂用力鼓起肌肉說：「就憑這個，我還有足夠的力氣，能搥更多的車輪讓妹妹去上學，讓家裡有更多的麵包吃。」

「是啊！也許我長大以後，還可以幫你做實驗呢！」妹妹也快樂地說道。

法拉第轉過身，擦去他的眼淚，夜裡他送信到皇家學院，一封給院長班克斯（Joseph Banks，1743—1820），一封給戴維。給戴維的信上，還附著他上戴維四小時的課，所做的三百八十六頁筆記的裝訂本。這本法拉第的筆記，迄今還珍藏在皇家學院裡。然後，就只有忍耐……

Part 2

研究助理時期

擔任維助理時的法拉第。
雖然備受打壓，
但他仍不斷在科學上創新頁。

6 紫色煙霧之謎

那是一次實驗意外產生的結果。
本來是想用海水電解來製造氯，
但是有人不慎把濃硫酸倒到一堆海帶上。
大概是取海水的人，不小心也把海帶也帶回，
沒想到滴到濃硫酸的海帶，
產生了一種紫色煙霧，
從海帶表面冉冉而升，
煙霧中還夾雜著刺鼻的臭味。
冷卻以後，

變成幾粒紫色光亮的礦物。

「這是什麼玩意兒？」

大家面面相覷的問道。

好的科學家像是大自然的偵探，

碘元素的發現，

就是這次意外開始的。

皇家學院的研究助理

法拉第心目中的科學殿堂——皇家學院，並不是一個學術天堂。學院裡的財源是靠社會大眾的樂捐，如果捐得少，學院的負責人就要像高級乞丐似的到處托缽。當時正值不景氣，不僅薪水發不出去，連冬天取暖的木柴都省了。

學院裡的教授流動率高，尤其當倫敦大學（London University）成立時，更流失一大批人；學院裡的薪水很低，給研究助理的薪水尤其不合理，也沒有理想的升遷制度。因此，在基層工作的人脾氣不好，常有怨言，雖然職位的名稱是好聽的研究助理，其實工作性質卻只是「研究雜工」。

當時，恰巧有一位資深的研究助理潘尼（Wiliam Payne），在實驗室裡大吵大鬧而被革職。一八一三年三月一日，法拉第被通知前往皇家學院，接續潘尼先生所負責的一切職責，薪水是每星期二十五先令，柴火、蠟燭一律免費。這讓法拉第高興地跳起來的，是能夠自由地使用學院裡的實驗設備與圖書資料。第一天上班，他幾乎是笑著衝進皇家學院大門的。

你丟我撿的研究

初期，皇家學院指定給法拉第的工作，是從甜菜根裡淬取糖分與配置硫化碳。法拉第善於實驗，做事負責。一個月後，他升任為戴維教授實驗室管理員，並負責氯氣的配置，這是是一種非常危險的實驗。四個月前，戴維還因為氯氣實驗的不慎，而炸傷眼睛。法拉第每次做實驗，都戴上保護眼睛的玻璃面罩，身穿

法拉第的實驗室。

就在皇家科學院的一角。雖然只是小小的一個角落，但他卻在此完成了世界上最偉大的電學實驗。

長袖的工作服。

但是四月九日還是爆炸了。法拉第給愛伯特寫信道：「我的手指拿著試管，試管內才放入7.5克重的氯化氮，我的臉距離試管不到一呎，忽然發生爆炸，試管的碎片都射出實驗室外，幸好我戴著面罩。但是我有個指甲被炸掉一半，我的手被炸得好痛，以致不能運用自如。」但他沒有害怕、逃走，或不再進實驗室，他分析原因，再重作一次，終於能安全地掌握實驗。

法拉第細心與任勞任怨，使得更多教授請他預備實驗教材，並參與教學。法拉第把每一份額外的要求，都當作另一次的學習機會。他聽了許多的課，寫給愛伯特有關教學的藝術，就是在這個時期完成的。

一八一三年十月，戴維決定接受法國的邀請，前往研究教學。與戴維同行的有他新婚的美麗妻子、一群照顧她的隨從，與負責實驗的法拉第。對從來沒有離開倫敦與其近郊的法拉第而言，能夠前往歐洲是何等興奮的事。而且一路上可以與戴維討論化學，等於是在知識寶庫邊搭帳篷。法拉第寫道：「這將是我一生的分水嶺。」

但他絕對沒想到這趟科學之旅，也是他的痛苦之旅。讓他嘗到低學歷的人，是被人所輕蔑的。

解開紫色煙霧之謎

普里茅斯（Polymouth）是英國的大軍港，各式戰艦雲集之地。法拉第的遊記裡，竟沒提及這裡的戰船，所寫的是：「普里茅斯的地質摺層顯示，這裡曾經有一次劇烈的造山運動。」法國巴黎當時已執世界服裝、紡織之牛耳，法拉第卻寫道：「這裡的東西注重雕飾、美觀，卻不實用、安全。」經過奧地利維也納時，他沒提及歌劇，倒是寫道：「這裡有一種電鰻，我抓來研究生物放電能不能分解水分。」

在羅馬，他沒有提到古建築，卻為伽利略的望遠鏡而著迷，並且與戴維利用巨大的放大鏡，聚光燃燒了一百五十磅重的昂貴鑽石，認為鑽石與煤炭有一樣的組成成分。經過維蘇威火山（Mouny Vesuvius），他爬到山頂，去看火山口熔漿的運動，並且收集了一些氣體，與戴維分析後，認為這是很輕的碳氫化合物，稱為「甲烷」（methane）。

在佛羅倫斯的畫廊裡，他收集到一些古希臘的顏料，發現裡面有碘氧化物與氯氧化物。戴維帶著法拉第再三地仔細分析，由海帶所產生的紫色煙霧，認為那是一種不能再被分解的物質，所以是一種元素，而且與已知的任何元素都不同，於是戴維將其命名為「碘」（Iodine）。

這些重要的實驗都是用戴維的名字發表的，法拉第並不在意，他給朋友愛伯特寫信說道：「我們所發現的，是來自這麼平凡的東西。所以在認為科學已經完全瞭解徹底的範疇內，仍有許多的未知。過度的自信使得許多科學家喪失了探究的精神。對於科學的辛勤耕耘者，將發現多少懸掛在已知邊界外緣的成果，正等待著他們。」

喜歡寫信的旅行者

法拉第在歐洲旅行的一年又八個月期間，給家人寫了很多信。他給母親寫的信，總是叫母親放心：「我很健康、滿足，而且經常是愉快的。」他的大姊伊莉莎白已經結婚了，法拉第在給她的信裡寫道：「除非我回到你們當中，否則，我雖然在此過得快樂，仍然感到有所缺憾。」他對妹妹則寫道：「我期望妳在寫字的工整上，有所進步。」

另外，法拉第也多次寫信給雷伯先生，感謝他過去的幫助，並向他報告在歐洲大陸書本的裝訂術。他甚至寫信給以前惡待過他的洛基先生，向他致意。

在這些信裡面，法拉第的母親隱隱約約地察覺到他一定是遇到什麼棘手的問題，他寫「經常是愉快的」證明了有時是不愉快的。但法拉第的天性樂觀，像是沙漠裡的一株（棵）仙人掌，只要有幾滴水，就可以擁有持續很久的快樂。這孩子怎麼會不愉快？

傷心的知識人

一八一四年十一月二十六日，法拉第給愛伯特的信上寫道：「唉！我真是愚昧。我離開家、離開我所愛的人，歸途又遙遙無期，為的是什麼？知識嗎？喔！是的，就是知識。什麼知識？世界、人類文明、禮俗、書本、語言，這些知識的獲取，我每天卻要付出人格被踐踏的代價。唉！終日被人當作傻瓜、無賴看，為何不去看看那些天生誠實、正直、滿足和快樂的人呢？他們的心沒被玷汙、思想純正、擇善棄惡。

難道我長期期待學習的知識，末了也不過使我比別人更懂得虛張聲勢而已？知識啊！開了我的眼睛，讓我看到知識無法除去人的虛謊與敗壞。文明能遮蔽人心低劣、詭辯的慾望嗎？語言的學習真能給人更寬廣的視野嗎？唉！老友！我不知道我對知識的追求，是不是已經偏離了單純的喜悅和以智慧為樂！」

一個人無論遭遇何種的打擊，能對知識與人性，產生如此深刻的認識，就已經值得了。

7 我看你就像**笨蛋**一樣

她是個非常美麗的女人。

她的淚水，比男人的雄辯更有力量。

她的能力，一下子就能抓住所有男人的注意力。

她的毅力，在於男人不能對她說一句「不」。

她的聰明，在於能徹底毀滅男人的意志力。

不幸的是，科學界最聰明的人——戴維，

在眾美女中，千挑百選之後，竟找這樣的人作妻子。

在她的眼中，

沒有學歷的法拉第，就是傭人，就是只配提實驗箱的笨蛋；

在法拉第的眼中，

美麗加上利嘴，就是蛇蠍，就是干擾他實驗與讀書的人。

「笨！笨！……你就是笨！」不斷地傳入法拉第的耳中；

「忍！忍！……我就是忍！」也不斷地迴盪在法拉第的心田。

最後，他忍不住了……爆發了……也不過拿起紙筆向朋友訴訴苦。

真正評斷在蒼天

被人罵過笨的人有福了，因為他會看清聰明的人也不過如此；並且能夠看清人的稱讚或辱罵，其實都是非常表面的。法拉第在一八一五年一月二十五日寫給愛伯特的信中，才透露他沿途被人欺侮的事。戴維的妻子，亞普莉絲（Apreece），把科學家當作傭人用，把他呼來喚去、隨意叫罵。日子久了，連本來看中他的戴維也對他冷言冷語。

與戴維接觸的科學家們，本來也以為法拉第是出自哪所名校，一開始寒暄：

「請問，您在哪裡取得博士學位？……喔！你沒有。那麼，你是劍橋大學畢業的？……喔！你不是。總該是哪所中學畢業的吧！……什麼？只唸小學。那，你還站在這裡做什麼，去跟馬伕站一處！」

歐洲之旅使法拉第發現，科學使人有知識，知識使人自以為是。逐漸地，科學家成為一種階層，講相同的專有名詞、來自相同的名校、抽相同品牌的菸、穿相同款式的皮鞋、連鞋端都要一樣的尖。當學習知識的階層，同時也是壟斷知識的階層時，法拉第要在其中學習，除了求學的慾望之外，也需要有一顆勇敢的心、強壯的心，才不會被別人的冷嘲熱諷所擊倒！

法拉第晚年的時候，回顧這一段歷程，寫道：「教育的開始與結束，都是謙卑，謙卑是深深地感到自己的不足。這種不足感不是跟別人比較的，而是我們內心深處真實的貧乏。學習的第一步是知道自己的不足。不足感可能在於發覺自己所下的判斷何以如此地倉促、不合邏輯、不夠周全。

其實，一個人的自以為是、驟下判語，主觀性強，不是他很有信心，而是陷於天生敗壞的心智上……那真正的、完全毫無瑕疵的智慧，只屬於上帝。人類所有的智慧皆摻雜了正確與錯誤。人類最好的判斷，也只能將錯誤減到最少，而無法消除錯誤。即使在最嚴謹的科學領域，每個判斷依據現實，仍然無法避免錯誤，所以，真正的教育在於自我反省，這種自覺，就是教育的真諦。」

快樂的回航

自尊心受到挫折的法拉第已經快受不了了，戴維仍然沒有察覺，他在義大利時，還規劃著要去希臘，甚至到土耳其。忽然，消息傳來，下臺的拿破崙自地中海中的俄爾巴（Elba）島偷渡回來。法國的騎兵隊匯合，載著巨砲，向義大利前進。整個歐洲的局勢又開始動盪，在義大利有人搶購食物、有人在逃難。準備上戰場的陸軍一隊又一隊的，走在街頭，連戴維請來的隨從也在逃了。因為情勢不對，戴維決定打道回府。

在回程上，法拉第寫道：

「我最親愛的母親：

這是我在國外寫給您的最後一封信了。我的心非常快樂，當您知道我離英國只剩三天的行程，您一定與我一樣的快樂。在您看這封信的時候，說不定我已經踏上了英國的土地。我不瞭解旅程突然中斷的原因，不過，我很快地離開那不勒斯、羅馬，經過義大利，橫越提洛爾（Tyrol）山區，走過德國，進入荷蘭，現在已經抵達比利時的布魯塞爾了。明天到奧斯丹（Ostand）搭船，在狄爾（Deal）登陸後，我們不會再分離了。

也許，您想我們應該不會偷偷摸摸地由狄爾回到倫敦吧！但我知道，我一定不會躡手躡腳由倫敦回到威茅斯街，為什麼呢？因為對於愛我的母親、家人及朋友，這樣是沒用的，大家一定會知道我回來了。我有一千多個有趣的把戲，要讓妳們歡喜一下。只是根據我過去的表現，把戲常有失手的紀錄，但敬告諸位親友，這一次是玩真的，並保證有令人難以忘懷、令人筆墨難以形容的快樂。

浪子回家，是不是該有家裡最好吃的食物呢？再見了，我最親愛的母親。相信我，我仍是您摯愛與忠實的兒子。

這是我寫給您最短卻又最甜蜜的一封信。」

一八一五年四月十六日

米契爾

今天已經無法知道法拉第一千多個把戲是什麼？也不知道他表演時有沒有失手？但有一件事是確定的：法拉第帶了不少錢回來，資助妹妹繼續上學，幫助哥哥改善打鐵店的狀況。

母親問他：「怎麼會存那麼多錢？」法拉第回答道：「在海外吃得很好，所以每隔三天，就有一頓晚餐沒吃，把晚餐的錢省下來。」

法拉第回家後，隔天就去都市哲學會，他已經看過許多世界一流的科學家，但令他想念的是這群患難與共的窮朋友。他又多次的去探望雷伯夫婦，甚至問他們：「訂書店裡需不需要人手幫忙？」

雷伯先生驚訝地問道：「皇家學院的工作呢？」法拉第回答說：「不曉得人家還要不要我？皇家學院已經兩星期沒有要我回去上班了！」

法拉第失業了嗎？

8 初展才華

托斯卡尼（Tuscany），義大利中西部這個迷人的地方，
出產的石灰岩，又白又堅硬。
自文藝復興以來，
托斯卡尼石一直是雕刻家們最愛的材料，
但是，十八世紀以後，這些石頭開始生病了，
有的長黑斑、有的起龜裂、有的則莫名其妙地愈來愈小，
以致人像的雕刻品，鼻子變扁了、臉形細了、耳朵不見了，
或是白色凱旋門的雕刻品，變成汙黑的石牆，
到底是怎麼了？

有人把一塊生病的石頭送給法拉第診斷，
他像是一個石頭醫生，又敲又刷；又碰又磨。
終於，找出石頭致病的原因，又找出石頭致病的媒介，
卻無法治癒這個石頭，因為石頭已經病入膏肓了，
直到如今，
人類仍然無法治癒這種生病的石頭。

石頭醫生

一八一五年五月七日，皇家學院票選法拉第成為專任助理，負責管理實驗室儀器與礦物標本（Assistant and Superintendent of the Apparatus of the Laboratory and Mineralogical Collection），每週薪水由二十五先令提高至三十先令。主要的職責在協助化學教授布蘭第（William T. Brande）的課程教學與實驗室管理。

當「托斯卡尼的病變石頭」送到皇家學院時，首席的化學教授戴維到蘇格蘭

釣鮭魚去了，布蘭第教授又忙行政事務，檢鑑工作只好交給法拉第。替石頭看病不是法拉第的職責，但他還是接受，多做一定可以多學。

法拉第拿到石頭，卻無法進行分析，原來起初擔任實驗室管理的人，看不起學徒出身的法拉第，不肯把實驗室讓出來。個性溫和的法拉第沒為此申辯，以至於學院的教授們也沒注意到，法拉第每天來上班，都坐在圖書館。後來布蘭第教授查尋石頭分析工作的進度，才發現法拉第根本進不了實驗室。

六月二十七日，法拉第一上班，就發現原先那惡霸離職了，於是他與石頭一起進實驗室。不久，他找出石頭病變的原因有二：**一是空氣中的二氧化碳增加，溶解在水中使水呈酸性，溶解了石頭中的碳酸鈣，使石頭產生凹穴；二是空氣中細小的碳粒沉降到石頭的凹穴，因著熱脹冷縮，使得凹裂擴大成裂縫，導致縫中滋生出一些黴菌，而把石頭表面染黑。**

法拉第建議用弱鹼性的小蘇打，溶在水中，塗在石頭上，就可以降低石頭被腐蝕的速率，但只能暫時收效，除非減少大量燃煤、燒油，否則無法根治。

這〈托斯卡尼石灰岩在自然狀態下的腐蝕分析〉（Analysis of Native Caustic of

英國皇家科學院。

法拉第的科學花園，最接近天堂的角落，他結婚後就住在學院的小樓閣上。

Tuscany）是法拉第一生四百五十篇研究報告的第一篇。

安全礦燈

在十九世紀以前，採礦業有一個發展瓶頸，就是在漆黑的礦坑中，需要有照明設備，但是礦坑中過量的瓦斯，會導致照明的礦燈產生爆炸，當時許多礦工死於礦坑氣爆。一八一五年十月，戴維接受礦業委託，就造出安全礦燈。製造方法非常簡單，在傳統油燈旁，加一圈銅絲金屬網。當火焰遇到瓦斯，正要爆炸時，容易導熱的銅絲，立刻將熱帶走，燈就不會爆炸。一八一六年，戴維發表細金屬網的安全燈（On the Wire-Gauze Safe-Lamps），立刻收到歐洲各礦業界的感謝信，許多人都在問替戴維做實驗的助手是誰？

天狼星的訪客

一八一六年，有一個奧地利的天文學家衛斯特，聲稱發現一種神奇的金屬，是地球上所沒有的。他聲稱金屬來自天狼星座，並尊稱這種礦石為天狼石。很多人立刻開高價要購買這種披上神奇傳聞的礦石。有人把一點石屑送到皇家學院，希望戴維鑑定。

但戴維到歐洲旅行，石屑樣本輾轉數人後，最後又落到法拉第手上。法拉第仔細地分析，發現這些樣本，沒有任何傳聞中特殊金屬，不過是硫、鐵、鎳、砷的混和物，而且混和得並不均勻，只能算是一種金屬熔渣。法拉第的分析結果，使得天狼石的神奇傳聞立刻消失，價格大跌。

科學可以釐清傳聞與事實之間的距離！

印度叢林裡的標槍

十七世紀，當探險家深入印度叢林時，受到不少土著的攻擊，其中有一種標槍非常厲害，幾乎是無堅不摧。探險家用這種標槍做成小刀拿來削鉛筆，發現不僅好用，而且用得很久還不會變鈍。這種標槍是怎麼鑄成的？

探險家詢問當地土著，土著也說不出原因，只說這是古代流傳下來的武器，製作的方法已經失傳了。

一八一八年，有人把刀子送到皇家學院，這次就直接找上法拉第了。法拉第仔細地看著這把流傳百年的小刀，外表雖然深黑，刀身依然閃著銳利的光芒，而且材質非常的堅硬。當時的歐洲鑄鐵業，還沒辦法造出這麼堅硬的金屬，這裡一定隱藏著一種祕密，是個還沒解開的啞謎。

法拉第像個偵探似地，磨下一小撮金屬粉，在強酸下溶解，分析其組成成分，發現鐵中帶矽是使鐵變得如此堅硬的原因，這就是矽鋼的來源。不久，用矽鋼製造的手術刀、剃鬍刀、餐刀，都紛紛上市了。法拉第沒有改行賣刀片，他還是留在實驗室裡，研究一把瘦長的月形彎刀。

大馬士革的彎刀

敘利亞大馬士革製造的柳片月形彎刀，是中東騎兵團裡最嗜血的武器，刀片不像歐洲的重軍刀，既薄又長且輕，容易揮動自如，而彎刀銳利，在進行近身對決時，竟然可以削斷鐵刀。敘利亞人當然不肯講出月形彎刀的製造方法，於是有人送了把彎刀到皇家學院。皇家學院的研究經費，就是靠研究人員替政府、民間團體的委託樣本的分析費用籌措而來的。

法拉第很快地發現，大馬士革的彎刀，是鐵鉑合金。鉑是一種稀有金屬，敘利亞一定是有不為外人所知的鉑礦場，但是歐洲很缺鉑礦，有沒有不用鉑，就可以造出一把又輕又利的刀？

法拉第用石墨造了一個小型的鍛鐵爐，就鍊起刀劍來，他用鐵與各種銀、鋅、銅、鎳、鉛、碳、鈣等一一混合，成為合金，冷卻後再放置在弱酸溶液中，用顯微鏡觀看金屬表面被蝕鏤的孔穴。法拉第提出：「合金表面被蝕鏤的程度，與合金結構的穩定度有關。」此一看法是材料工程發展的重要里程碑。

法拉第在一八一九年提出「碳鋼」的新合金，產生一種廉價的輕型鋼。同年，英國陸軍的軍刀，都是碳鋼打造的，殺得敘利亞騎兵團落荒而逃。法拉第不喜歡戰爭，一八二一年後，他發現當時政府熱衷合金委託的原因後，就不再從事合金的研究了。

火牛炸彈

法拉第一生堅持從事科學的人，要有科學道德，不能用科學去做殺人的利器。一八五三年英俄戰爭中，英國在克里米亞半島大戰俄國的黑海艦隊司令部。英國久攻不下，有人建議用火牛戰法破敵。方法是用一艘舊船，裝滿硫磺，偷渡到俄國軍艦旁，再用火引爆，燃燒的二氧化硫，會讓敵人咳嗽失去防禦的能力，英軍再度大舉進攻。

英國國防部請法拉第，對這類似中國赤壁之戰的方法提出意見。法拉第的答覆是：「理論雖然是有效的，實際使用的效果令人懷疑。誰知道哪一天的風向是往俄軍吹，還是往英軍吹？如果往英軍吹，不就適得其反？再說一艘船的硫磺根本產生不了威脅，至少需要二十艘船的硫磺量，才能在海上產生二氧化硫的毒害，請問，二十艘船怎麼能在對方日夜監視下偷渡成功？現場有太多狀況，是難以預料的，因此，我認為提出這種攻擊方法是過度樂觀。」

軍方不管法拉第的看法，仍決定大量製造硫磺，沒想到一八五四年十月，因硫磺搬運不慎，二千噸的硫磺爆炸，炸死了四十多名士兵，沒炸到敵軍，倒先炸到自己，軍方才下令停止這種化學武器作戰方法。之後，軍方又有些新穎的化學武器，法拉第的回答卻是：「證據不足，無可奉告。」但在克里米亞之役中，法拉第受託分析戰地食物成分，證明了南丁格爾在前線的呼籲：「許多傷兵是死於營養不良與食物中毒。」

會唱歌的管子

年輕的法拉第除了善於化學分析，工作之餘，他的運動是騎腳踏車、爬山，娛樂則是都市哲學學會裡的朋友，組成一個交響樂團。法拉第吹長笛，也唱低音部，這支窮哲學家所組成的樂團，在倫敦的貧民區內相當受歡迎，有時還會在街頭演奏。

「可不可能有一個沒有人的交響樂團？」有一天，有個團員打趣道，引起眾人的哄堂大笑，法拉第卻回去認真地思考。一八一九年，法拉第製造了一部「會唱歌的笛子」（the singing tubes），是由一組笛子組成，管子的大小高低不同，形狀材質彎曲度發出不同的音，有一個音箱去接通每根管子，音箱底下接著燃燒的火爐，法拉第只需要轉動一根桿子，控制轉速送入不同的空氣量，空氣在音箱中受熱膨脹，衝出不同管子就發出不同樂器的聲音。不過，這部會唱歌的管子，卻被他認為是娛樂價值多於科學價值的「玩具」而已。

一八一五年到一八二〇年期間，法拉第還分析出酒的香味，是來自其中所含的有機酸，因此保存有機酸，可使酒不失去芳香。他又發現一種古圖畫裡的色料化學成分，知道這種化學物就可以修葺古畫。他利用碳與氯強烈的結合力，製造出四氯化碳（hexachlorethane,CCl4），這是非常著名的滅火劑。

即使是有這麼多傑出的研究，法拉第還是只能擔任研究助理的職位。學歷太低，容易讓人認為他能力與智力不足。不過，這種功利的認定卻不是最困擾法拉第的，法拉第所困擾的，在他寫的一首詩中表露著：

「什麼是一個高貴的生命？無可救藥地疾病？
使他不斷地纏繞在尋找一個妻子的想念裡，
喔！是愛情！
什麼樣的能力能夠擊垮一個男人最堅強的意志力？
使他嘆息、刻意打扮，和擁有一張愚昧的臉，
喔！是愛情！
什麼樣的力量，讓男人反反覆覆地想去找個女朋友？

難道我已經簽了感情的賣身契？
難道我的頭腦分析不出這種力量的主成分？
難道我就是注定要謙卑地承認有這需要？
喔！是愛情！
決定冷靜，用智慧判斷，用意志力駕馭，
結果，明天的他仍如一匹脫韁的野馬，
愚昧地在漫無目的的草場奔跑，
喔！是愛情！
誰說愛情是美好的？我說那是人的不幸，
誰說愛情是分享的？我說分享的有好也有壞，
誰說愛情讓人成熟？我說那只有使人心更加怠惰與幻想，
喔！不過是捕風罷了！
當那帶著愛情之箭的小天使，飛到我身邊，
我會把他趕走。

一顆崇高理想的心，不該是他遊戲之下的箭靶，
靜靜地讓愛情的催逼過去，慢慢地讓愛情的腳離遠離，
我拿起我的書本閱讀，我尋找那些人性真正的美德，
忽然，我聞到花香，、
天啊！我怎麼又來到愛情繽紛的花園中？
愛情啊！我是妳影響不了的鐵漢！
妳不要再靠近！請妳快快離開！」

9 法拉第的戀愛

一八二〇年七月，

丹麥的哥本哈根吹來一股颶風，把許多的科學家吹進實驗室去。

聽啊！奧斯特（Dane Hans Christian Oersted, 1779-1857）的宣告：

「當通過電流的導線，與磁針的方向平行時，磁針就會轉動。

由南向指向，改成東西指向，這證明電流能夠產生磁場。

當電流磁場大於地球磁場時，磁針方向就完全受電流磁場決定。」

二個月後，

戴維與歐勒斯頓（William Hyde Wollaston, 1760-1828），急忙地拿著磁鐵，

靠近……靠近……一根導線，但是，導線動也不動……

他們放棄了。

擔任助理的法拉第，重拾這個失敗的實驗，

思考、閱讀、實驗、失敗、再重來，

春去、秋來、冬也過，

一八二一年九月三日，夜裡，

「喔！轉動了，通電的導線繞著磁棒轉動了！」

法拉第興奮地叫著，他將電能轉成動能了！

人類第一部馬達誕生了，

蒸氣動力從此走下舞臺，取而代之的是，

電的時代。

愛情的堡壘

法拉第解得開導線現在磁場下的轉動之謎，卻不能解開愛情在他思念中的

Michael Faraday

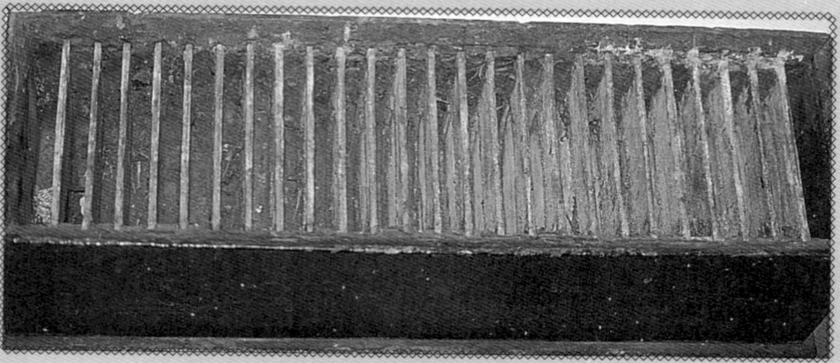

法拉第的電學實驗。

如今仍然珍藏於英國皇家科學院內，這麼簡單的實驗，竟能發現那麼重大的貢獻，這是科學之美。

纏繞。纏繞他的倩影，是住在倫敦紅十字街（Red Cross Street），二十一歲的撒拉・伯納爾（Sarah Barnard）小姐。她是法拉第好友伯納爾的妹妹，法拉第是在教會裡認識她的。

一八一九年，法拉第每星期天晚上都到伯納爾的家裡吃飯，飯後與伯納爾一起唱歌，或是討論科學實驗，他外表看起來很有風度，對伯納爾家的小姐也很有禮貌，晚上十點以前一定準時離開。

大家都想他一定又回實驗室工作或讀書。沒想到，法拉第對撒拉小姐的愛慕，已經快克制不住了，只好禮貌地狼狽而逃。夜裡，他需要在街道上散步很久，才能使他對伊人的熱情冷卻下來……。

戀愛的人會作詩。當法拉第在定期聚集的讀書會中，朗誦到這首〈喔！是愛情！〉，他的老友伯納爾就猜這不是無病呻吟，而是有個思慕對象。伯納爾立刻把這事告訴他妹妹，撒拉便走向法拉第請求道：「聽說你的筆記本裡有一首精彩的詩，能否借閱？」沒想到這輕輕的一問，就把那自稱愛情影響不了的鐵漢、能抵擋愛情最強的堡壘給打倒了。法拉第交出筆記就倉促離開。

隔天一早，撒拉小姐就在信箱裡收到一首短詩，是一個自責、可憐的人寫的：

「昨夜，妳問我那首短詩，
唉！是我無知的言語，是我偏差的驕傲。
怎能讓妳聽聞那種來自冰冷之心的囈語、
來自遲鈍之情的作品呢？
怎能讓妳也知道那種譏笑柔細情感、
嘲弄真實歡悅的聲音呢？
昨夜，我無法拒絕妳的要求，
唉！我自知我的錯誤帶給我何等的懲罰，
我搥胸、我頓足，厭惡我錯誤的笨拙，
但願時間顯示我的真誠。
妳知，有律法的地方就有恩慈，

審判者也可成為好朋友。
防止一個人更深的墮落，是不是可以暫時不看他的小錯？
免得他背負羞愧，遠走高飛。
恩慈的女子啊，請聽我深切的呼求，
帶我、領我，
使我走出不斷的自悔。」

研究與火雞

撒拉小姐與法拉第交往是一件危險的事：這個人不在乎錢，也不在乎名；他在乎的必定全心投入，不到最後的結果，絕對不會放棄。他所投入的，一定是與實驗研究有關，絕非配偶。除非她能欣賞他所執著的，否則面對的將是長期的孤獨。皇家學院的知名教授，婚姻都是有問題的，戴維的妻子長期哀怨、班克斯的妻子經常悲傷。研究者獲得的掌聲，經常掩蓋另一半的嘆息。

撒拉小姐一開始就採取一個成功的策略，她與法拉第相處時，鼓勵法拉第不斷地分享心裡的快樂與哀愁。成功的婚姻是一輩子的戀愛，成功的戀愛是兩個人知道怎麼「談」戀愛。撒拉小姐不是當與研究者對立的角色，而是研究者成果的分享，她成為法拉第最好的分享者。法拉第後來在日記上寫道：「在我的一生中，對我的喜悅與心理康健，最有幫助的就是婚姻。」

當法拉第發現馬達原理的實驗時，第一件事就是跑上樓叫道：「撒拉！撒拉！快下來看！」撒拉正在烤一隻感恩節的大火雞，她卻立刻跟著丈夫跑下樓，看掛在浮木上的電線繞著一根鐵棒轉，她看不懂這是什麼研究，不過她卻聽得出丈夫的興奮。當後來的世界慶幸有馬達時，不要忘了，撒拉損失了一隻火雞，難道她不知道火雞會烤焦嗎？

分離是為了更長久

當法拉第談戀愛時，他沒有放棄他的讀書、研究與朋友，他的生活還是一樣的緊湊，不是在皇家學院進行氧化氮氣體的試驗，就是替那群窮人朋友上化學課，或參加讀書會、文藝俱樂部、騎腳踏車、爬山、教妹妹寫字、合唱團練習……。撒拉小姐也很成熟，她曉得不顧一切，兩人終日黏在一起，反而是不成熟的戀愛。

她只是不懂一八二〇年七月五日，法拉第寫來的信：

「妳知道我過去的偏見，妳知道我今日的思想，
妳知道我的軟弱、空虛與心靈，
妳已引我走出歧途，盼能再同行，
妳收回的一點友誼，對我是很大的傷害，
妳偏移的一線目光，對我是嚴重的懲罰，
假如妳已經不能再付出，假如妳已想稍微遠離，
請妳聆聽我再訴說。」

法拉第怎麼又把自己掛在自責的刑臺上，其實，撒拉小姐並沒有收回任何友誼哩！撒拉小姐正確的第二步，她把信交給她的父母看，並向父母說明雙方的感情。撒拉的父親說到：「愛情已經使得這個哲學家無法分辨了！」怎麼辦呢？

撒拉的母親建議道：「讓女兒到雷恩斯特（Ramsgate）城，到她姊姊那裡住一陣，兩個相愛的人分離一陣子，會使他們看清楚下一步該怎麼走。」這是一個智慧的建議，愛情的最後抉擇，不是一種盲目式的相思，而是冷靜審慎後的判斷。更重要的，父母的意見也參與在他們的抉擇中。

我有時覺得自己很滑稽

撒拉小姐的離開，對於法拉第是一個晴天霹靂。他立刻寫信到雷恩斯特，回信的是撒拉的姊夫，回信像是北極的冰一樣地冷。法拉第立刻搭車前往，果然發現那是座大冰山，冷淡的招待，禮貌的寒暄幾句就結束了。事後，法拉第在日記裡寫下他最戲劇性的一段：

「我厭惡這座城，我厭惡這裡的山，
我已經盡力克制了，我的心仍然不聽使喚，
一段懷恨油然上升，惡意的看見周圍的人。
忽然，我停下來，我怎麼可以罵這些善良的人？
兩股力量在我心中交戰，我覺得自己很滑稽，
我不是剛剛才被人侮辱嗎？剛剛才被人拒絕嗎？
事到如此，我還在偽裝嗎？有什麼目的嗎？
但我是奔向一條危險的道路。
我停下來，徹底地停下來。
這時有一股希望自我心底升起，
也許有一天，他們會成為我的家人與朋友。」

法拉第實在是個可愛的人。法拉第立刻寫一封熱情洋溢的信給撒拉小姐與她姊夫的一家。一個有這種品格的男人，一定可以做個好丈夫。撒拉的回信熱情而

肯定，她答應與他單獨約會了。

麵包與愛情

法拉第實在不會選約會的地方，在他第一次約會後回家寫道：

「我的心中充滿失敗的想法，我如坐針氈地不安，

我們到一家麵粉廠邊散步，

我也想帶她看製造麵粉的機器，

沒想到麵粉廠的師傅講完了機器，接著就講麵粉對家庭的重要性，

他每講一句，我就害怕一點，

我彷彿已經看到我的背上多了一大包麵粉袋，

等到他講完，我已經沉重地舉步維艱，

最後是跌跌撞撞地被撒拉小姐扶出去。

現在，我獨坐在家，

麵粉廠的恐怖景象還沒有自我心中褪去，

唉！我為什麼不能立刻消失成為泡影呢？」

這事以後，撒拉小姐鼓勵他，再出去走一走，也許能走出他的自責。第二次約會，是到多弗（Dover），看海灘與峭壁，法拉第在日記上寫道：

「難以忘懷的一天，

遠超過我原來所求所想的，

每次潮水湧上海灘，彷彿都攜走我的恐懼，

增添我盼望的力量。」

第三次約會，是搭驛馬車到曼斯頓（Manston）看夜景，法拉第寫道：

「難以想像坐馬車有這麼的快樂，
每一刻的時光、每幅景緻、每個地方，都優美得像首交響曲，
我去過的任何地方，我度過的任何夜晚，
沒有一次，像今夜這麼美妙，
全是因為有她作伴。」

交出內心的一把鑰匙

愛情的攻勢彷彿是法拉第在發動，愛情的節奏卻是撒拉在彈奏，這是雙方成熟與智慧。一八二一年六月十二日，法拉第與撒拉結為夫婦。結婚前，法拉第給撒拉寫道：

「我是一個糊塗的人，因為我的頭腦掛念太多東西，
甚至我在想念妳的時候，我仍想到

氯氣、油燈、合金、水銀、戴維、五十個煉爐，還有許多實驗細節，因此我常落入一種心不在焉的窘境。

昨夜，我在書中發現皇家學院的鑰匙夾在書中，我急忙送回，免得明天學院無法開門，我的思想雖然常有紛擾，但是我知我心鑰匙的所在，希望妳幫助我，看顧我心的鑰匙。」

這是個美好的婚姻，雖然以後的四十六年之中，兩人一起經歷貧窮、不孕、失憶症的危機，但這一切卻使得兩個人的愛情，聯繫更深。

⑩ 發現馬達的那一天

舉凡蘋果從樹上落下來，到宇宙間星球的運轉，

牛頓的運動定律都可以解釋，

卻無法說明電、磁、光、熱的現象。

自然界仍在扔出一些人類看不懂的牌。

電（Electricity），這個字來自古老的琥珀（Electrum）——

一種已成化石的樹脂。

因為摩擦琥珀時，琥珀竟然可以吸附一些東西，

不過玩琥珀只變成一種有趣的把戲，這樣吸吸，那樣吸吸。

即使來吉伯特（William Gilbert）提出有些材料也有帶電的習性，

富蘭克林（Benjamin Franklin）提出電有正負電荷特性，
庫倫（Charles Coulomb）發現電荷之間的力與距離平方成反比，
安培（Andre-Marie Ampere）以數學導出電流與電位差有關，
奧斯特提出電流產生的周圍，會產生一種磁力。
但解開這自然之謎仍有待，
法拉第電磁轉動的實驗，
看啊！電磁學已逐漸步上
科學界最炫人的舞臺。

小樓閣就滿足

一八二一年五月，美國皇家學會宣布法拉第升任為事務與實驗室主任（Superintendent of the house and laboratory）。薪水還是一樣，不過成為主任後，法拉第有權利帶著家庭住進皇家學院的頂樓，這樣他照顧學院裡的一切實驗也比較方便。工作增多、責任加重，薪水卻一樣，這樣是很不合理的，但是為了有家住，為了方便做實驗，法拉第認為皇家學院對他已經夠好了。

法拉第在皇家學院的頂樓小屋裡一共住了四十二年，當他在一八五八年六月二十日，自皇家學院退休時，仍然一貧如洗，沒有自己的屋子。退休當天，兩夫婦提著皮箱下樓，他們一出皇家學院的大門，就要露宿街頭了。

沒想到走出大門，迎接著他們的是整齊的英國皇家儀隊，還有英國維多利亞女皇（Queen Victoria）在外，等著這對貢獻全人類的貧窮夫婦。「請搬到漢普頓院（Hampton Court）旁的皇家別墅吧！」法拉第婉拒，因為他付不出租金，女皇說：「不用付租金的。」法拉第還是拒絕，他說：「房子太大，付不出修繕費。」女皇說：「這個費用皇室也包了。」法拉第才接受邀請。

法拉第最可愛的地方，就是他的單純，法拉第最偉大的地方，就是不知道自己有多偉大。

踏出電磁學的第一步

一八二〇年九月，戴維與歐勒斯頓從事電磁實驗時，法拉第並沒有在場，法拉第那時從事合金的研究——四氯化碳的合成，與對撒拉小姐的追求。

不過，當戴維與歐勒斯頓實驗失敗時，他告訴法拉第。法拉第眼中一亮，他從小就喜歡電學實驗，只是為了化學分析，他放掉電學已經十年了，恰巧一八二〇年十二月，他的好友菲力浦已經擔任《哲學年報》（Annuals of Philosophy）的編輯，菲力浦向法拉第邀稿，希望他寫一篇有關歷史上電磁學發展的回顧。法拉第答應朋友的邀請，開始有系統的閱讀過去的研究報告，為了徹底瞭解各種理論，他還要重做每個關鍵的實驗。

一八二一年七月，法拉第交出〈電磁學歷史概述〉（Historical Sketch of Electromagnetism）一文。法拉第一邊閱讀，一邊做實驗時，開始對電磁學產生自己的看法。他知道當奧斯特發現通過電流的導線使磁針偏轉，已經證明通電的導線會產生磁場，但是奧斯特沒有解釋磁場是怎麼產生的。

奧地利的科學家普列特勒（Johann Joseph Prechtl, 1778-1854）提出的解釋是，當電流通過導線時，會在電線的一端形成正極，另一端形成負極，才會讓旁邊的磁針轉向。

安培反對這種看法，他由電的互吸與互斥，解釋磁針偏轉。皇家學院的歐勒斯頓教授接受安培的互吸與互斥論，但認為電流不是沿著直線前進而是以螺旋狀繞著導線前進，因此預測磁鐵接近導線時，磁鐵上面的電與導線上的電，會產生連續性的互吸與互斥，使得導線產生自轉，但是在歐勒斯頓的實驗中，導線並未如預期產生自轉。

電磁轉動

經過仔細地閱讀與實驗後，法拉第想到，磁力如果是一種旋轉的力（circular force），通電的導線應該會繞著磁極轉動，磁極也繞著導線轉動，兩力抵銷就無法轉動。為檢定這種想法，他進行了一個非常有名的實驗。

他在玻璃瓶的中間放一支磁力很強的磁鐵，磁鐵的一端以蠟黏在玻璃瓶上，玻璃瓶中倒入水銀，並使磁鐵的一端露出水銀面，水銀面放一個軟木塞，軟木塞上面夾一支銅線接伏特電極的另一端，並把這支電線也置於水銀中，造成一個通電迴路。

一八二一年九月三日晚上，法拉第把實驗裝置好，把銅線的一端拿在手中，他心裡激動地怦怦跳，他嘴中喃喃道：「應該會吧！應該會動吧！」他的好友伯納爾站在一邊。伯納爾是來這裡吃火雞大餐的，隨後要請法拉第去看賽馬，沒想到他的妹夫，神經兮兮地站在一個杯子前面自言自語。

法拉第把銅線放入水銀液體中；忽然，彷彿有一根看不見的線，拉著小木塞，使小木塞在水銀表面像一艘帆船開始移動。法拉第睜大眼睛，看著小木塞繞著磁棒為中心轉動。「動了！動了！」法拉第跳起來大叫，隨後法拉第呼喚正在烤火雞的妻子也來看，撒拉不知道這是人類歷史上偉大的一刻，電磁轉動（Electromagnetic Rotations）被發現了。不過，她知道這是丈夫生命裡偉大的一刻，她讓那隻大火雞焦掉了。

賽馬場邊的分心人

夜裡，裝飾得五彩繽紛的賽馬，在群眾的喧嘩聲中衝刺。在忘情吼叫的群眾中，法拉第顯得有點麻木，他還在想繞著磁棒轉的小木塞。隔天，法拉第改變實驗裝置，這一次把通電的導線固定住，結果磁棒繞著導線轉。

法拉第趕快去向歐勒斯頓報告，不巧歐勒斯頓出去旅行，戴維也出國了。法拉第把實驗發現，寄給《科學季刊》（Quarterly Journal of Science），再帶著妻子去海邊度蜜月了。他沒有想到這一篇〈在磁理論上最新的一些電——磁運動〉（On some new Electro-Magnetical Motions,and on the Theory of Magnetism）會給他個人帶來深沉地打擊。

11 走過人生的風暴

那是他們兩人結婚的日子，

中午，回到皇家學院的小樓閣，準備整理兩人的新居，

忽然，實驗室的助手匆促地跑上樓，在法拉第的耳邊低語幾句。

「親愛的，實驗室出了一點小問題，我出去一下，很快就回來了！」

法拉第對撒拉說道。

一小時、二小時、三小時過去了。

直到天黑了，法拉第才出現在樓梯口，

看著獨自清理房間的妻子：

「親愛的，對不起！」

這是他們結婚的第一天，他就這樣。
撒拉看著滿身疲憊，滿心自責的丈夫，「噗！」的一聲，輕笑出來，
從決定嫁給他的第一天起，
她已經決定要成為最瞭解他的好朋友。

愛與瞭解

一八二一年六月，法拉第對撒拉說：「親帶的，對不起，我想我們的蜜月旅行，可能要稍微延後一點……。」撒拉微笑道：「等你把〈電磁學概要歷史〉一文寫完，我們再去吧！」一八二一年七月，文章交了，法拉第對撒拉說：「我……我想，現在該是去度蜜月的時候了。」撒拉知道：丈夫心理惦掛的是什麼：「再遲一點去也沒關係，等你把手上的實驗完成吧。」一八二一年九月，法

拉第完成電磁轉動的實驗，而且寫好研究論文，兩人才去海邊度蜜月。

撒拉不懂電磁學，在公眾場合她從不作態，後來有人問她：「妳為什麼不也唸一點科學，好表現也懂一點妳先生在做什麼？」撒拉堅定地回答道：「科學已經深深地影響他，到經常剝奪他的睡眠，我非常地滿足於成為他內心安歇的枕頭（the pillow of his mind）。」蜜月對撒拉而言，為丈夫的健康考量遠超過羅曼蒂克的幻想。

一夕成名的傷害

科學季刊一登出法拉第的文章，歐洲各物理、化學實驗室，立刻重複他的實驗，各大學、研究單位都在討論電磁轉動。一夕之間，法拉第進入大科學家之列。榮譽雖來，毀謗也至。「也不過是學術暴發戶」、「他沒受什麼教育，根本不明白自己在做什麼實驗」、「巧合加上狗運亨通」，其中最利害的毀謗是「不要臉，他是抄歐勒斯頓的研究實驗」，因為抄襲別人的研究是學術界極為恥辱的大忌。法拉第自蜜月回來，才發現這一些背後的閒言閒語，對一個親自付出的人，實在是個大傷害。

一八二一年十月八日，法拉第給曾一起研究合金的朋友史脫達特（James Stodart）寫信道：「我聽到的閒言閒語愈來愈多。這些耳邊的竊竊私語，代表背後的傳言有多大聲。這些謠言傷害到我的榮譽與誠實，我希望能遠離這些謠言，或至少能有個機會，澄清這些傳聞的不實。你知道我的焦慮……希望你能幫我忙，代我安排一個機會能夠與歐勒斯頓教授見面。」

苦難與細膩

在科學史上很少有一個科學家，有法拉第的這種經歷，偉大的科學家有了新發現之後，所得到的卻是委屈與侮辱。這段經歷孕育出法拉第一種特有的氣質，使他能更細膩、更敏銳地感受到其他受迫壓者的需要。

日後，有一個年輕的科學家在走投無路時，是法拉第幫助他，聘他來皇家學院任職，這個年輕人名叫馬克斯威爾（James Clark Maxwell, 1831-1879），後來成為舉世聞名的電磁學大師。

另外，有一個蘇格蘭來的科學家，被稱為「很像神經病的天才」，卻經常在倫敦的桑地馬尼安教會聽年長的法拉第講道，深得幫助，這人就是凱爾文（William Thomas Kelvin, 1824-1907），絕對溫度就是用他的姓氏命名的。一九〇六年，法拉第死後四十年，在倫敦的桑地馬尼安舊會址，有一個法拉第紀念大會，在坐滿了世界一流的科學家中，起來演講的就是凱爾文。

全世界的學生都會在課本上讀到凱爾文的「熱力學三定律」、「同位素放射理論」、「絕對溫度」。「以能量的觀念解釋每一個物理、化學現象」，但不會讀到凱爾文以下的這一段演講：

「靜靜地傾聽，我彷彿仍聽到這片古老的牆坻，仍在回應著一個信心單純、生活貧窮，卻是熱心助人的基督徒——法拉第的講道聲。當我還在劍橋大學唸書時，我有時一早搭幾小時的車，就是為了能夠坐在底下，聆聽法拉第講道。

我彷佛還看他站在那裡，他年紀已經老邁，但是他的面孔看起來就像天使一般。他開始會為他的記憶力不佳，可能在講道引錯經文的出處，或是背得不全，而向會眾道歉。然後他開始講，他的每一次講道都是一次愛的勸戒，流露出一個學科學的人，對事實的追尋、對真理的執著，以及對信仰的委身，啊！這是我終身難忘的時刻。」

比起社會的複雜，科學界算是單純的多了。對於法拉第的要求，史脫達特予以拒絕。當時，歐勒斯頓的科學聲譽正如日中天，何必為一個剛起步的法拉第去得罪大人物呢？法拉第只好自己給歐勒斯頓寫信道：「身為一個科學家，我對榮譽的看重，遠超過對於科學成就的獲得，對於目前流傳的謠言，希望您能在百忙之中，為我公開澄清……」這封信寄出也石沉大海，歐勒斯頓不表態，外面的謠言就更火上加油了。

無情的人

對一個良心敏銳的人，虛謊的控告像是一把刀深深刺入他的心。法拉第又寫一封信給歐勒斯頓，信上寫道：「假如我曾經做過任何冒犯您之事，全是無心的，那些控告我虛謊之事全非真實。先生，我冒昧地請求您給我幾分鐘，可以在這事上與您交談，我能澄清我自己。我知道這幾分鐘是您給一個尊敬您的晚輩，莫大的恩惠。我為那加諸在身的不實控告，已經近乎沮喪。末了，如果我真有做錯之處，我願道歉。」

法拉第用「道歉」這兩個字時，實在是心如刀割。他實在不用道歉，他實驗的假設、推導的思路、試驗的方法及獲得的結論，都與歐勒斯頓不同，他只是少了一些俗事做法，在文章上沒有提到他的上司歐勒斯頓與戴維而已。

這是一種悲哀，無名氣的人要靠有名氣的人沾光，有名氣的人要靠無名氣的人去苟延他們的名氣。其實，以歐勒斯頓與戴維的專業水準，都可以看出差異所在，但是名氣讓人眼瞎。

歐勒斯頓終於給法拉第回信：「你似乎在暗示你的被誤解與我有關，但這些傳聞都是你的事情。你只要自認做得對，別人怎麼說你，你都可以不在乎的。依我看，是你想太多了。」如果法拉第有歐勒斯頓高高在上的地位，別人怎麼說是可以都不在乎，但法拉第現在卑微得像隻小蟲，人家一踩就扁了。過去，科學是載著法拉第浮在人生諸多不順的方舟，看來科學界並不是那麼單純，方舟裡也波濤洶湧。

提攜後進之情

二十二年以後，法拉第的名聲已經如日中天了。有一個剛起步的年輕科學家，他的研究文章沒有學刊要登，他壯起膽子寄給法拉第，法拉第看了以後，給這位焦慮的年輕人寫信道：

親愛的先生：

我已收到你寄來的文章，並且立刻就看，感謝你對我們衷心所愛的科學，有這麼美好的貢獻，何等的榮耀，我能在一息尚存之際，看到你為電學有這一步的跨出，我已看出你的未來會更輝煌！我知道在這領域裡仍有許多朦朧不清之處，你的文章卻如同黎明初曉，我不得不說，你在這自然科學的領域，提供了非常重要的貢獻。

你忠實的朋友，法拉第敬上

一八四三年三月二十四日於皇家學院

有法拉第這樣的推薦，有哪份研究與期刊敢不刊登這個年輕人的文章。這個年輕的科學家是誰？今天全世界每一本物理、化學課本必定會提到他的名字——焦耳（J. P. Joule. 1818-1889）。法拉第給焦耳的信，比起法拉第年輕時，歐勒斯頓給他的信，實在有天壤之別。

堅持下去

當法拉第身心交瘁時，他還有一個忠實的仰慕者，就是他的妻子。撒拉支持法拉第，她是法拉第實驗過程的見證者，法拉第一生中，只有一次想放棄科學，就是在這時，而撒拉鼓勵丈夫走下去。因為妨礙他的不是電學，而是人，而人是搖擺不定的，因此不必因人的反應影響自己最後的決定。

在一天夜裡，法拉第非常難過地說道：「親愛的撒拉，我真是狼狽到了極點。」

撒拉堅定地回答：「我寧願你像一個孩子，因單純而受到傷害；也不要像一個小人，因受傷而處處對人設防。」

法拉第驚訝地看著他妻子，他從來沒想到妻子這麼堅強，撒拉笑了起來：「難道你不知道你是一個多麼有意思的人嗎？難道你不知道我嫁給你，不是只為你煮飯的？」

二個月以後，法拉第在皇家學院發表，著名的通電導線在地球磁場影響下的轉動的實驗。在會眾裡給他鼓掌最大聲的就是歐勒斯頓，名人也會搖擺不定的，不是嗎？堅持下去就會有成果，成果就是最好的證明，如今誰還記得那些謠言呢？

12 人生何必長相比？

賽維爾·金糖業公司與保險公司訴訟案開庭。

案情緣由：

賽維爾·金糖業公司的一家煉糖廠遭受火災全燬，擔保火災險的保險公司拒絕理賠，原因是火災因素不在理賠範圍之內。

原告律師：「保險公司明知這是火災，卻不照合約理賠。」

被告律師：「合約中明文規定，因油產生的火災，是屬於管理不當。保險公司只負責理賠因糖引起的火災。」

原告律師：「這是糖的自燃引起的火災。根據化學權威的報告，在攝氏三百度以下的油是不會燃燒的。」

被告律師：「不！在攝氏三百度以下，油是會燃燒的。」

法官：「誰能證明油在三百度以下會燃燒，有證人嗎？」

被告律師：「有！皇家學院的法拉第先生。」

「法拉第先生請上證人席。」

忽然，原告律師冷冷地說道：「證人先生，你知道我引用三百度以下的油是不會燃燒的報告，是哪位權威寫的？」

法拉第搖搖頭。

原告律師：「是你的上司戴維教授寫的。」

庭上一陣安靜。

法拉第緩緩道：

「科學為見證，不為人情。」

結果，保險公司獲勝。

好啦！你的翅膀硬了！

「人情」是一種奇怪的東西，可以幫助人，也可以欺侮人。起初，法拉第是受戴維的推薦，才能進入皇家學院工作。在歐洲之旅，法拉第雖然被戴維夫人欺侮，但法拉第總覺得戴維在幫助他。

後來，法拉第升任研究助理，主要也是為戴維管理藥品與器材，在他的心目中，戴維是天上的太陽，他不過是地上的燭光。但是法拉第沒有想到，當他正像一個騎兵，快速地往科學標竿前進之際，戴維因久染官場，加上婚姻的失敗，使他自科學的殿堂中逐漸退出。兩人一進一退，已經難以同行。

戴維對法拉第日益不滿：首先是戴維要法拉第再陪他去義大利，法拉第基於上次與戴維夫人不愉快的經驗而拒絕了，這讓戴維很不高興。賽維爾・金糖業公司的訴訟案，法拉第提出的實驗證明「油在二百二十四度之時，能產生許多可燃性的蒸氣」，獲得勝訴，更讓戴維面目無光。

在電磁轉動的論文裡，法拉第沒有向他致謝。一八二二年，大科學家安培來英國，首先要找的人竟是法拉第，而不是戴維。一八二三年，戴維與友人組成一個科學家與文藝人士的不定期聚會，戴維很想當執行祕書長，結果投票選出的人竟是法拉第，更氣人的是法拉第還不要擔任。戴維像個過氣的明星，還依戀在過去的掌聲裡，但讓戴維公開爆發的則是著名的「氯氣液化實驗」。

昇華的祕密

一八二三年以前，科學家認為只要是氣體就永遠是氣體，固體永遠就是固體，固體不會變成氣體，氣體不會變成固體。

歷史上第一個持不同看法的是化學大師道爾頓（John Dalton, 1766-1844），他提出所有的物質都是由原子組成的，只要改變溫度、壓力，就可以改變原子間的距離，進而改變物質存在的形式。道爾頓是一個非常奇特的人，擁有深邃的科學知識，廣博的科學見聞，卻堅持一生只當一個小學老師。

原子是非常小的粒子，眼睛看不到，顯微鏡看不出，會有這種東西嗎？當時大部分的人都不相信。法拉第卻相信「原子論」是正確的，他首先在一個裝著水銀的玻璃瓶中，掛著一條金箔線絲，線絲與水銀沒有接觸，玻璃瓶封閉後不久，金箔線絲的表面有一層銀白色的薄膜，這是水銀的昇華。固體會有昇華現象，表示固體會以原子的方式進入空中。

法拉第已經推翻了固體永遠是固體的看法了，接著，氣體有沒有可能變成固體？根據道爾頓的理論，應該是有可能的。一八二三年三月，倫敦特別地冷，法拉第卻利用這種寒冷從事液化氯氣的實驗。自從一八二〇年，法拉第發現四氯化碳以後，他對氯氣就特別感興趣。

開始的幾次實驗都沒有成功，三月底，戴維有一天進來實驗，順便問法拉第正在從事什麼實驗？「氯氣的液化，先生。」法拉第答道。「為什麼不在封閉的管中，燃燒固體的氯水，試試看？」戴維說完又出去參加宴會。

獎賞的真偽

一個有心的人可以從負面的榜樣，學到很多正面的功課。二十年以後，法拉第寫道：「……對於一個科學家用心的付出，這個世界上無論是社會、學術界、政治界，所給的獎賞沒有一種足以匹配認真科學家的研究成果，這些獎賞不過降低付出者的水準與格調罷了！這些犒賞對我是一種傷害。但是，當我年輕的時候，並沒有這種被傷害的感覺，甚至私底下還經常想得些獎賞。每當這種獎賞接近我，我都想趕快跑去接。

現在我認為，一個人面對任何的獎賞引誘，都不會因而更改自己該走的道路，才是真正的獎賞。為獎賞改變自己，證明自己不配得那真正的獎賞。事實上，這些世上獎賞的本質，是一種買賣的市場，是可以把人抬高或撇下，是可以令人興奮或沮喪，是可以叫人更多或更少的付出。我認為獎賞是給一個已經死的人。一個人還正在做事，別人如何判定他的尊榮？如今，我認為當我一息尚存的時候，這地上能給我最好的獎賞，就是我能夠潛移默化地成為別人的榜樣。」

後來，國家以爵士封他，法拉第拒絕，他回信道：「……我所從事的研究工作，已經給我許多喜悅，不需要外界的加添。在我自己的小天地裡，我擁有的已經夠了。給我太多，我反而不知如何承受。我並不是低估這些國家獎賞的價值，我知道它的用處，只是時間一過，這些東西不知道會被我丟到哪裡去，所以我根本不適合拿這些東西。」

油滴消失了

一八二三年四月，法拉第做了一支彎折的封閉玻璃管，玻璃管的一端放治氨水固體，底下用本生火焰（Bunsen flame）燃燒，另一端就放在冰塊上。實驗進行時，優頓博士（Dr. John Ayrton, 1785-1856）剛好來訪。優頓是化學家，醉心於原子碰撞的理論。

優頓看著實驗，忽然訝異道：「咦！怎麼管子裡面有油漬呢？不乾淨的管子怎麼可以拿來做實驗呢？」法拉第也看到油漬。他非常地窘，以一個精於實驗的人，是最基本的，怎麼會用一支有油漬的玻璃管呢？

「讓我來除去那個油漬。」法拉第把管子折斷，管中冒出具有刺激臭味的淡黃煙霧，奇怪的是，油漬消失了。怎麼會這樣呢？兩個人討論一陣，一時也想不出所以然，事後優頓博士離開了，法拉第又拿一根新管子，再繼續做同樣的實驗，不知道，那一天法拉第實驗做到多晚？

隔天優頓再到實驗室，法拉第不在，在實驗桌上有一張紙條，寫著：

「親愛的先生：

您昨天看到的油漬，原來是液態氯。

您忠實的法拉第上」

短短的一句，不知含著多少法拉第發現結果的興奮歡呼。法拉第印證了道爾頓理論的正確性，封閉的管子一端加熱提供了高壓，再冷卻另一端，果然產生了液態氯，用同樣的方法，法拉第在第八天之內把二氧化硫、硫化氫、二氧化碳、氧化氮（俗稱笑氣）給液化了。

法拉第立刻在皇家學院的課堂上，示範氯氣液化的實驗。這是一個非常危險的實驗，低溫又高壓很容易使脆弱的玻璃管爆炸。法拉第一天寫道：「星期六夜晚，又是一次的爆炸，我手上的試管，像子彈一樣的射出去，射穿玻璃，我的眼睛有罩子保護，仍然被散開的玻璃炸裂，幾天之後才恢復視力。」法拉第把液化氯的結果寫成報告，發表之前還請戴維過目，戴維那時正擔任皇家學院院長。

全是我的功勞

氯氣液化的研究報告發出來時，法拉第才發現戴維在報告的末了附了一個但書：「氯水結晶在密閉管中加熱，是我首先請法拉第先生做的實驗，而且其結果，也是我首先想到的，不外乎產生氯水，分解成為氯酸，與液化氯三種發現。」

戴維不僅搶走了法拉第的實驗功勞，而且扭曲了實驗原來的目的：法拉第是在印證道爾頓原子論的正確，與推翻了拉瓦錫（Antoine Laurent Lovoisier, 1743-1794）「永久固體」學說。

這篇文章後面的但書，讓法拉第相當生氣，但是他沒有說話，仍埋頭繼續他的實驗。皇家學院的會員菲力浦、布蘭第等等出來打抱不平。他們都看過法拉第在課堂示範與講解這一個實驗，以法拉第研究的傑出成果，他早就夠當一個「獨立」的研究人員，不該是戴維的附庸。

之後一期的科學季刊，登出法拉第的一段投書：「……其實氯氣液化的實驗，不是我先做出的，也不是戴維首先想出的，一八〇五年至一八〇六年期間，已有個名叫挪斯摩（Northmore）的科學家，曾經近乎成功的液化氯氣。」

法拉第的發表聲明，更讓戴維暴怒，他立刻採取行動，寫一篇〈論電磁學的一個新現象〉（On New Phenomenon of Electromagnetism），文中並沒有寫什麼新現象，不過重新提法拉第的電磁轉動，但又加上一段：「在這電磁學的發展上，我不得不敘述一段不為外人所知的事，電磁轉動的想法，首先是由皇家學院睿智的歐勒斯頓先想出來的。一八二一年，我們一起做這個實驗，只是當天實驗沒有成功而已。」

戴維這一段敘述，更讓法拉第傷心下沉。自己過去的恩人，如今反成了敵人。歐勒斯頓突然知道，他不過是戴維拿去鬥爭別人的砲彈而已，歐勒斯頓立刻聯合菲力浦、布蘭第向皇家學院申請，讓法拉第成為皇家會員。成為皇家學會的會員，不僅具有學術地位，也具有自己選擇研究題目的自由。

一八二四年一月二十四日，皇家學院進行無記名投票，十九票贊成，一票反對。那一反對票應該是戴維教授投的。結果揭曉後，祝賀聲湧向法拉第，戴維氣憤地離開，前往法國。成為皇家學會的會員，是法拉第學術獨立的關鍵一步，但是對戴維也是關鍵的一步。

大雪繽紛之夜

戴維前往法國後，又轉往奧地利，經過阿爾卑斯山時，風雪大起，所坐的馬車陷入雪堆中，動彈不得。風雪持續幾天，所有的隨從都離開，各自逃命，只留下戴維與他的弟弟，兩人牽著坐騎，在雪地裡泥濘前進。

宮廷、榮華、美人，醇酒、科學成就、世界名利，在這致命的暴風雪中，毫無助益，生命原來是那麼的赤裸無助。忽然，看到前面有一座無人的小教堂，兩人進去，跪在地上，徹夜禱告。隔天早上，風雪全停，戴維立刻返國，從此不再涉足宮廷舞會，不再爭科學名氣，他回到年輕時從事實驗的地方，並且在一八二五年二月七日，推薦法拉第成為皇家科學院實驗室主任（**Director of the Laboratory**）。

戴維死於一八二九年五月二十九日，他晚年時對學生說：「智慧是什麼？智慧不是根據你知道了多少學問，而是根據你所相信的信仰；智慧不是根據你的成就來判斷，而是回到更基本的，你人生到底用什麼來判斷！」今天在原子週期表上，鈣、鎂、鉀、氟、氯、碘、汞、硼、矽、鋁、鍺、鋯、鍶、鋇，這十五種元素都是戴維發現的，他被稱為「無機化學之父」（**Founder of Inorganic Chemistry**）。此外，他還發現笑氣、安全礦燈等，但是晚年時戴維說：「我一生最大的發現，是發現了法拉第。」

法拉第到老年時，仍經常告訴別人，戴維給他的一生幫助最大，他至死都珍藏上戴維課時，所裝訂的筆記本。

法拉第雖然被公認為最偉大的實驗家，但是沒有戴維，就沒有法拉第。

13 化裝的幸福

戴維老師的改變，給法拉第留下一個深刻的印象。

是什麼力量？

使一個深陷名利的人，重新找到方向？

使一顆滿懷憤忌的心，重歸天真喜悅？

一八二六年，法拉第給好友伯納爾寫道：

「這些日子，我經常在山裡看雲，

在我預料不到之處，山嵐四起；

在我想不到的時候，雲消霧散。

不久，雲霧再匯，下起雨來了，

給了我一些不方便；
然而，對周圍花草樹木卻是有益，
我想，回去的路一定幽暗，
不料陽光再現，這是人生。
無論我有多少的把握或確定，
每個抉擇都是一次未知的賭注，
我看見人生有苦難、有重擔，
我知道人性有邪惡、有欺凌，
但是彷彿經過巧妙的設計，
末了，對我都是美好與有益，
苦難竟是化裝的祝福。
這不是什麼知識哲學，
也不是什麼人生哲理，
那些冰冷沒有感覺的理論，

豈能使一個人的心平靜穩妥呢？
我知道事情看至深處，方知眼光有限，
人性邁向完美才知人性不能完美，
但是為什麼？
人生在這一連串的不完美中最後總是完美。
啊！是有個祝福者，
超越一切人為的定見與安排。」

婚後的抉擇

法拉第在三十歲以前很少提到信仰。在他與撒拉小姐結婚後一個月，他忽然到倫敦桑地馬尼安教會，要求受洗並做見證。沒有人知道法拉第為什麼要公開見證他自己是一個委身的基督徒，連他的妻子撒拉都很訝異，丈夫忽然作這一個決定，問他理由，法拉第也只淡淡地答道：「因為我跟上帝的關係。」

但這也不是一個草率的決定，因為以後有五十五年之久，法拉第都參加這人數不到二百人的小教會。法拉第有二次被選為教會的長老（elder），一次是一八四〇年，擔任了四年長老；另一次是一八六〇年，擔任了三年的長老。在桑地馬尼安教會當長老是要講道的，法拉第每逢單週日就在倫敦講道，雙週日就在其他城市講道。法拉第死後，人家在他的聖經上，發現有一節被他用很粗的色筆框出：「我雖有義，自己的口要定我為有罪。我雖完全，我口必顯我為彎曲。」（約伯記第九章二十節）

法拉第有一次在講道中提及：「一個一生投入大自然研究的人，必須相信我們的宇宙是真實的。但是，我也知道人心是偏向錯誤的，人會在自己強烈需要的事情上，欺騙自己。即使是尋找印證，也是要符合自己的慾望。

身為一個嚴格自我要求的人，我深深地知道，即使用最精確的文字，表達最準確的實驗，其可信度只能到某一個程度，科學的絕對仍有某些程度的保留性。但這已經是長期忍耐、思索的判斷極限。因此，真理一定不是一個人的心智無限延伸才能獲取到的，這是我對聖經教導之所以單純接受的原因。

我相信理智是好的，可以幫助人尋求上帝；但是單靠人的理智，最後無法找著上帝，因為人不是上帝。人是尊貴的，不只是因為人能夠管理萬物，而是在人的裡面有一種對於無限的敬畏、對永生的期待。我相信，人類即使竭盡所能，仍然沒有能夠洞察未來的知識，這些知識必須來自上帝的教導，這是人必須用單純的信心，去接受聖經的原因。

不過我希望大家不要誤解，而認為既然理智無法洞察未來，理智無法真正找到上帝，人就因此放棄自己應盡的責任。我不認為相信上帝的信心與相信一般事情的信心，有絕對的分別。我認為相信地上的事情與相信天上的事情，是一樣的信心，很多人寧願相信地上的，不肯相信那至高之處的美善，那是人性的軟弱。我相信『上帝的永能和神性，是明明可知的，雖是眼不能見，但藉著所造之物就可以曉得，叫人無可推諉。』（羅馬書第一章二十節），藉著所造之物來認識看不見的上帝，與藉著所見之物來認識背後的法則，這兩種認識並不互相對立。」

Michael Faraday

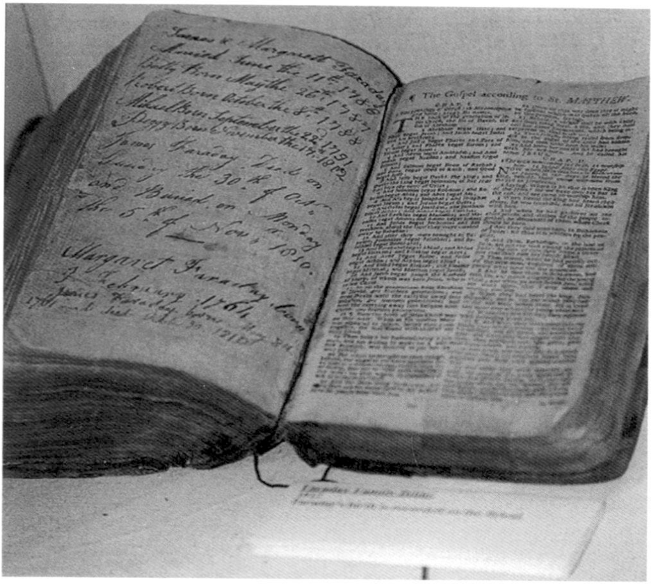

法拉第的聖經。

有誰想過《聖經・約伯記》裡，冷僻的一節經文，會對法拉第產生如此深遠的影響。

軟弱是剛強的前奏

法拉第也曾寫信給物理學家雄賓恩（Chritian Friedrich Schoenbein, 1799-7868）道：「過去我曾以為，一個人愈聰明，他的道德就愈高。不幸的是，我後來發現剛好相反。我也發現，許多社會地位較低，知識水準不高的人，有一顆強健、尊貴、神聖、滿了愛的心。我的期待是讓聰明與道德在一個人身上一起長進，更彰顯上帝原先創造人的榮耀。

因此，人是一種可以進步的生物。人不像周圍的生物，長期的保持在一種不變的狀態，人是可以持續被改變的；這是人最尊貴的特權，使他與周圍的生物不同。有意思的是，人改變的關鍵，在於發現自己的軟弱（weakness）、發現自己的墮落（degraded）。

軟弱與墮落並不是對人格的侮辱，而是一種成長的認知。當一個人沒有這種認知，就已經被自己的自滿所僵化了。所以『我更喜歡誇自己的軟弱，好叫基督的能力覆庇我……因我什麼時候軟弱，什麼時候就剛強了』（哥林多後書第十二章九—十節）。」

科學家的信仰

在法拉第的心中，信仰不是滿足個人慾望的工具，而是實實在在地建立在認識人的本性與認識上帝的愛上面。法拉第在給他小姪女的信中寫道：「妳知道是什麼能使人親密，長期的在一起嗎？是共有一個盼望、一個信心，與一個愛心，而這些都是在基督耶穌裡的。（in the one hope, and in faith and love which is in Jesus Christ）」

如果科學家要有信仰，何必一定要是耶穌基督呢？對一個不知名的上帝不也可以嗎？科學家墨伊格諾（Abbe Moigno）問法拉第：「何必要給自己這樣侷限呢？像一匹馬在原野任意馳騁多自由，為何一定要把自己塞進一個嚼環裡？」法拉第坦白地回答說：「我的內心是一場永無止息的爭戰，我知道我的驕傲、易怒，我的心需要一個必要時可以勒緊的嚼環。」

但墨伊格諾繼續問：「那個嚼環何必是耶穌？是什麼讓你這麼相信，是教會嗎？」法拉第搖搖頭。「那是聖人嗎？是傳統嗎？還是信條呢？」對方繼續追問道。法拉第回答：「都不是！是耶穌基督在我心中，與我同在。」

在法拉第一生中，他從不用科學的準確去印證信仰的實在，但也向來不忌諱去表白自己是一個有信仰的科學家。他寫道：「科學要用什麼方法去考核信仰呢？所有科學的假設裡都有信仰存在，沒有這些基本的假設，就沒有科學。很多科學家都愛標榜，科學是建立在事實上面，用一套邏輯去架構他們的推導，然後就說科學裡面沒有信仰。其實，科學的每一個邏輯的基本點都是假設，而假設裡就含著信仰。」

在這方面，另一位電磁學大師奧斯特寫得更白，他在一八〇六年寫道：「依我看，這個宇宙是上帝的藝術表現，用幾個很基本的筆法勾勒。這幾個筆法我們稱為力。眾人看得見的所有東西，無論多複雜，回到基本假設點，都是力，都是能量的作用。光、電、熱、音、磁……都是力的不同作用方式罷了。這些現象都來自同一位創造者，因此回到基本都是一致的創造法則。」

湖邊心得

法拉第敬虔的信仰，在他的一生揉合著科學的傑出成就與屢次面臨的苦難，有個很重要的平衡作用。平衡的人生，不是只要有科學的理智就夠了，法拉第曾說過：「傑出的科學家最容易落入彼此比較誰的貢獻多的試探裡面，就像古代騎士，喜歡比較誰的盔甲較亮。至於我，我不過是基督學校的小學生罷了。」

一八四一年，法拉第的記憶力嚴重衰退，實驗進行期間，他常忘了剛進行了哪些步驟，甚至忘記了為什麼要做這個實驗，撒拉勸他該休息一陣子，於是他們就到瑞士去度假。記憶力對一個科學家很重要，但罹患失憶症的法拉第並沒有自怨自艾。

當時他在日記上寫道：「我在瑞士山區的小湖邊散步，湖水的來源是一條流垂自高山懸崖的瀑布。我坐船過去看，瀑布底下有一塊巨大的石頭，不知多少年日，承受瀑布沖下的急流，我看衝擊的水流反躍到空中有一百英呎那麼高。瀑布也帶來強大的風，吹襲這塊巨石，奔流的水在石頭周圍湧出很多渦流，石頭上面處處顯著被撞擊的孔穴。

但稀奇的是，這塊巨石毫不動搖。陽光照在上面，譜出一道美麗的彩虹。我覺得這裡是瑞士最美麗的角落，讓我想到人生最美麗的一幕也是如此。在狂風暴雨侵襲下，有一個堅強的信心，雖然被打擊的心靈，每一次都留下受傷的痕跡，但是信心沒有隨流逝去。啊！是有一個永不褪色的盼望在支持，多少的苦難令人害怕，但是在謙卑與忍耐中承受，苦難卻成為最深的祝福。」

在瑞士旅行的時候，法拉第繼續說道：「非常好的天氣，我與親愛的撒拉在歐伯豪芬（Oberhofen）湖邊散步。我們看到湖中有一個美麗的葡萄園，有幾個人在修剪葡萄樹，剪下一些葉子與枝條。我知道這樣修剪，末了會使葡萄長得更多。葡萄園旁有一個教堂的墳場，矗立著幾支小小的墓碑。單純就是美。有一個墓可能是埋著窮人，沒有銅牌或水泥柱為墓碑，只有個小木枝，上面貼著一張紙，寫著出生與死亡的日子。在小木枝的底下縛繫著一個小小的蟲蛹，孤零零的微風中飄盪，彷彿襯托著小墓碑的孤寂。忽然，蟲蛹裡慢慢的爬出一隻蝴蝶，牠不留戀在木板上的醜陋虫蛹，展翅向天飛翔。哇！好美的蝴蝶啊！使我立刻想到那古老復活的應許。」

這是法拉第的信仰，沒有咄咄逼人的言詞，沒有激昂吹噓的動作，只是單純與真實。法拉第的信仰與科學並不互相牴觸，因為都是建立在真實上。

Part 3

皇家科學院會員時期

1851年時的法拉第。
瘦弱的身體仍不減一雙銳利的眼。

14 臭味中的奧祕

為什麼有些肉比較容易發臭？

在巴斯德（Louis Pasteur,1822-1895）提出微生物學的觀點以前，

這問題是不容易回答的，

「反正，肉臭就丟掉，還再聞什麼？」菜市場的屠夫大聲嚷道。

法拉第在菜市場的動作是有些奇怪，

在臭肉之前，低著頭聞，還喃喃道：

「不同的臭肉，味道的強度不同，

可見肉品臭味裡的氣體組成成分不同，

但是為什麼會不同呢？」

屠夫慨然允諾道：「你對那堆肉有興趣，就通通給你了！」

法拉第如獲至寶般地把臭肉帶回去。

無視周圍人們怪異的眼光，

他一邊走，一邊想……

忽然，想到了什麼似的，竟一邊跑、一邊笑，

撒拉在後面一邊跟著跑，一邊笑道：

「唉！真像小孩子！」

法拉第與食品化學

法拉第的眼中，一塊肉會臭一定有什麼原因。但一般的說法是：「哪有一種肉放久了不會臭？」「一定是蒼蠅惹的禍！」

這都不能滿足他。

法拉第分析臭肉所釋出的氣體，發現臭味內含有二氧化碳、氮氣、甲烷、硫

化物等氣體，硫化物更是臭味的主要成分。當時還沒有微生物學，法拉第不知道這是厭氧細菌作用產生的。不過，他仔細地分析，發現與肉類的含水量有關，含水量愈多的肉類，愈不耐存放，容易產生臭味。

一八二二年，法拉第進而分析穀類食物與蔬菜，也發現其含水量是影響這些食物存放的重要因子。因此，將食物曬乾或鹽漬脫水，是保存食物的重要方法。其實古人已有這種保存食物的方法，只是不知道原因。法拉第的科學研究發現：精密控制食物的適當含水量，可以長期的保存食物。這個研究改善了當時加工食品的品質，也維護了航海業飲食的衛生。

但是，並不是所有的食品都容易測定其含水量，像是雞蛋就不容易測定。如何不打破一個雞蛋，就可以知道其新鮮度？法拉第開始用比重的方法，當雞蛋不新鮮時，蛋殼裡面就會產生氣體，放在水中比較容易浮起來。但是要把雞蛋一個一個的放入水中太麻煩了。法拉第知道雞蛋不新鮮就會放出硫化氫，這是臭雞蛋的主要味道，他設計一臺簡易的硫化氫測定器，讓蛋農自己可以分析，鑑定蛋的新鮮度。

彩色玻璃的研究

一八二四年，法拉第接受政府委託，進行改善玻璃品質的研究。當時的玻璃解析度很低，拿來當茶杯、玻璃珠、窗戶、裝飾品還可以，但是要用來做望遠鏡、放大鏡、顯微鏡的鏡片就不行。不僅透光性差，而且玻璃裡面所含的氣泡、條紋、斑點，會造成透過光線的散射，降低其解析度。

法拉第經過七年多無數次的失敗，才發現在玻璃的製造過程中加入硼酸鹽，就可以使玻璃變得更清澈，這是後來非常有名的「硼玻璃」。

法拉第突破了玻璃製造的瓶頸後，進而研究彩色玻璃的製造。在中古世紀，高聳的哥德式教堂裡面，鑲嵌了很多彩色玻璃，但是這種製造彩色玻璃的技術，後來就失傳了，每當有一片彩色玻璃破掉，這古典的透光藝術就缺了一角。

一八三〇年，法拉第細心的在玻璃製造過程中，加入不同比例的氧化鐵或氧化鉛，再控制溫度，讓這些金屬有足夠的機會，以毛細現象擴散在玻璃液體中，冷卻以後就造出高品質的彩色玻璃了。法拉第不僅挽救了古典玻璃藝術的修葺，又開啟了近代玻璃藝術製造。

忠實的助手

法拉第從事雞蛋與肉類品質的鑑定、金屬合金的改進、精密玻璃的製造而得到的收入，使得實驗室的研究經費，較以往充裕。一八二八年，法拉第雇用第一個助手——安德遜士官長（Spergent Anderson）。法拉第曾說：「上課教學，學生愈多愈好；實驗室幫助我做實驗的助手，則是愈少愈好。」法拉第喜歡一個人作實驗，邊作邊想，太多助手反而是干擾。

安德遜參加過許多戰役，受傷後退伍，他沒唸過什麼書，但是忠實可靠、絕對服從命令。法拉第給他的第一個任務，就是維持爐子的恆溫，好讓實驗室的蒸餾水水位保持一定高度。下班時，法拉第會跟他講，爐子的火可以熄掉，安德遜才把火熄掉。

有一次，法拉第出去開會，忘記跟他講要熄火，隔天上午，法拉第回到實驗室，發現安德遜徹夜未眠，守在爐邊，保持爐火溫度一致。安德遜跟隨法拉第直到一八六六年，忠心地到死的時候才退下任務。

規律的研究生活

法拉第的生活也非常軍事化，每天上午八點，準時進實驗室。安德遜已經把爐子溫度、蒸餾水水位調好，並等在實驗室裡了。法拉第帶著他巡視每一間實驗室，檢查每一部機器、與實驗室的通風。

法拉第的學生，物理學家丁道爾博士（Dr. John Tyndall, 1820-1893），寫道：「法拉第老師最重視實驗室與教室的通風，他每天一來就像隻狗似的，到處嗅來嗅去，他認為通風不好，會影響頭腦的思考。」丁道爾博士就是第一個由光的折射，去解釋天空為什麼是藍色的人。

法拉第的實驗室裡沒有椅子，他認為從事實驗的人，應該要站著。後來，法拉第的小姪女常來看實驗，實驗室只有這位小女孩有張椅子坐。法拉第有時在水中，放一小塊鉀，鉀就會像醉酒的人在水面上彎來顛去，小女孩的笑聲是法拉第工作時，唯一的音樂點綴。

家庭的幸福美滿

法拉第年輕時，作實驗是從上午八點到下午六點半才休息。結婚後，生活優先順序有了調整，中午十二點休息，在妻子的要求下，上樓吃飯。撒拉是位出色的廚師，她不僅留住丈夫的心，也留住丈夫的胃。法拉第寫道：「結婚以後數十年，除了學術會議的餐會，我們幾乎很少在外面吃飯。」撒拉自己釀了一些薑酒、葡萄酒，也製作了些果醬、點心。

撒拉的手藝真讓法拉第的學生、朋友垂涎三尺。後來皇家學院的小樓閣上，總有一些不速之客，進來請教法拉第問題，順便留下來吃吃喝喝。飯後，法拉第再下樓，安德遜已經一切準備就緒在等他，兩人再繼續實驗到晚上六點。法拉第就與小姪女玩玻璃珠的遊戲，實在很難想像，這麼偉大的科學家直到晚年，還是

法拉第的實驗器材。

他的每一個單純的實驗器材，都是科學發展上的里程碑。

喜歡與小孩子玩玻璃珠。

法拉第與撒拉每個星期日到教會，每個星期三晚上到教會參加禱告會，數十年來他都走同一條路線、固定的街道、固定的十字路口轉彎；有一天，其中一條街道在整修後，多加了支消防栓，法拉第走到那裡，竟被消防栓絆倒了，他連走路時都跟作實驗一樣，照著步驟按部就班。

當時，常有小孩在路上等法拉第，要等著與這個老頑童玩玻璃珠。今天在英國皇家學院博物館裡，在法拉第電磁學研究的實驗器材旁，還擺著幾個袋子，裡面裝著法拉第的玻璃珠。

除了玩玻璃珠以外，法拉第也愛朗誦書籍給家人聽。他最喜歡唸的有麥卡雷的英國史、莎士比亞的劇本與聖經。晚上十點，法拉第帶著一家禱告後才就寢。他每天睡八小時。上午六點起床，是法拉第閱讀艱澀研究期刊的時候，然後吃早餐，上午八點準時進實驗室。與他忠實的安德遜一樣像是時鐘般，日復一日的過著規律的生活。

一八四五年，法拉第在一篇研究報告的末尾寫著：「我必須在這裡提到安德遜先生的名字，在玻璃的試驗時，他開始成為我的助手，爾後留在皇家學院，繼續幫助我作實驗，他的細心、穩定，做事情的確實與可靠，讓我深為感激。」

有性格的教會

在法拉第的生命裡，有一種特殊的氣質，能讓窮人親近他。當法拉第於一八四〇年，被選為教會長老時，該教會還有三個長老，一個是在市場賣布、一個是瓦斯工人，另一個是殺豬的。這所教會裡的基督徒，大多數是窮人。法拉第跟他們一起聚會四十多年，別人不覺得他鶴立雞群，而他也不自認為虎落平陽。

一八四四年，有一個星期天的中午，英國女皇請法拉第吃飯，法拉第忘了向教會的會眾報告原委，他們認為法拉第故意缺席，還開除他的長老資格，甚至其會友身分也一併去除，法拉第事後也不吭一聲，也不憤而離開，竟然與他們又一起聚會二十年，直到一八六〇年才再被選為教會長老。

桑地馬尼安教會的這一批窮基督徒，也夠性格，不因法拉第是科學大師，就手下留情，特別通融；法拉第也很可愛，竟然又與這批貧民區的基督徒相處了二十年，直到被接納，愛的韌性實在很強。

教會中的好朋友

法拉第在教會裡有一個好朋友邵斯先生（James South），他幾乎是一個聾子，自稱來自一個古老的貴族家庭，只是家道中落，只好在貧民區賣茶壺。孩子們都叫他「邵斯爵士」。他沒有結婚，他說來教會的目的，是因為這裡可以看到小孩子最天真的笑容。他不分寒暑經常穿一件舊風衣，一個袋子裝糖果，另一個袋子裝茶壺，他給孩子吃糖果後，還泡茶給孩子喝，服務很周到。

每次法拉第講完道，邵斯在座位上大力鼓掌，直到有人對他大喊說：「夠了！夠了！」他才會停止鼓掌。法拉第夫婦經常與邵斯帶著孩子們，在星期天下午去動物園。法拉第最喜歡看猴子，有時候看得笑到眼淚都流出來。

什麼才是最快樂的事？

法拉第在科學上的發現，包括：電磁轉動、電磁感應、電化學、介電常數、陰極射線、電力線與電場……等，都是後來的人知道的；但是法拉第在教會的證道，卻很少有人記下來。桑地馬尼安教會教友印象中的法拉第，經常在證道時說到自己淚流滿面（法拉第也承認自己是一個感情太豐富的人）；而且經常探望窮苦、生病的人。

最有趣的是，法拉第有次在一個大戲院演講他的電磁學發現，在座的有英國維多利亞女皇、皇家貴冑、大學教授、學者與學生等，法拉第講完，聽眾站起來給他熱烈的掌聲，但是法拉第沒有出來，群眾掌聲更熱烈了，法拉第還是沒有出來。

「咦？法拉第會不會是在後臺摔一跤，或是心臟病發作了？」有人跳上講臺，進入後臺查看，才發現法拉第一講完，就搭驛馬車到一個生病的老太婆家，讀聖經安慰她。法拉第認為陪一個即將彌留的病人，走完人生最後一段路，比接受那一堆大人物的恭維更為重要。

有很多人寄信給法拉第，其中有一封信非常的特別，是一個犯人寫的：「當我讀到您在科學上的重要發現時，我深深地感到遺憾，我過去的歲月實在浪費在太無聊的事情上。」這封信寄自大西洋的一個孤島——聖赫勒拿島。寄信的犯人名叫拿破崙。

15 電磁感應交響曲

一八三一年十一月，皇家學院引起一陣騷動，

「英國總理皮爾爵士（Sir Robert Peel）駕到！」

大不列顛最有權勢的人駕到，爭取經費的好時機來到了。

學院門口，大小科學家列隊歡迎。

「咦？法拉第呢？」皮爾爵士問道。

「還在他的實驗室裡。」旁邊的隨從答道。

「唔！真是沒有禮貌。」

總理大人進了實驗室，法拉第還在低頭做實驗，

桌上擺著線圈、鐵棒、磁鐵、檢流器，桌下放著伏特電池。

總理大人皺眉，不悅道：

「國家花錢給你們研究，你這些東西有用嗎？」

法拉第咕噥道：

「以後對國家的稅收，會有一點點幫助吧！」

皮爾總理不知道，

當時法拉第桌上擺的是人類歷史上第一部發電機。

發電機有沒有增加國家稅收？

看看今日的電機工程吧！

磁鐵的來源

物理學家格雷斯頓博士（Dr .J. H Gladstone）說：「電磁感應是十九世紀物理學最重要的發現，是電磁學裡最美麗的詩篇。」電磁感應也是發電機的最主要原理，不管是水力發電、火力發電、核能發電，其最基本的原理都是藉著電磁感應，將動能轉換為電能，使人類文明進入電的時代。

電磁學是法拉第知識追求的初戀，無論在其他的領域上有多少成就，他總不能忘懷電磁學。一八二一年，他提出電磁轉動後，在備忘錄上寫著：「要將磁轉成電。」但是研究玻璃的工作與皇家學院的例行實驗工作，佔去他大部分的體力與時間，他只能用零碎的時間，從事自己喜歡的研究。

在當時，法拉第就已經從道爾頓的原子理論去探討對磁力的認識。他將磁鐵切成一半，原來的雙極還是存在，不會因為切掉一半，就剩單極。他又把磁鐵細切，即使切到極細的薄片，還是有雙極的存在，因此法拉第推測在一顆原子上，具有雙極存在的特性。自然界裡是沒有單極磁鐵的。

他認為原子的雙極特性與電子的運動有關。很多物質不具磁性，是與結構的排列有關，每個原子的雙極特性互相抵消了。自然的磁鐵（或稱為永久磁鐵），在形成的過程中，受到磁場的影響，以致沒有互相抵消而呈現出結構裡的雙極特性。因此，法拉第相信磁與電在本質上是同一能量的兩種形式表現，勢必可以互換，但是怎麼證明？

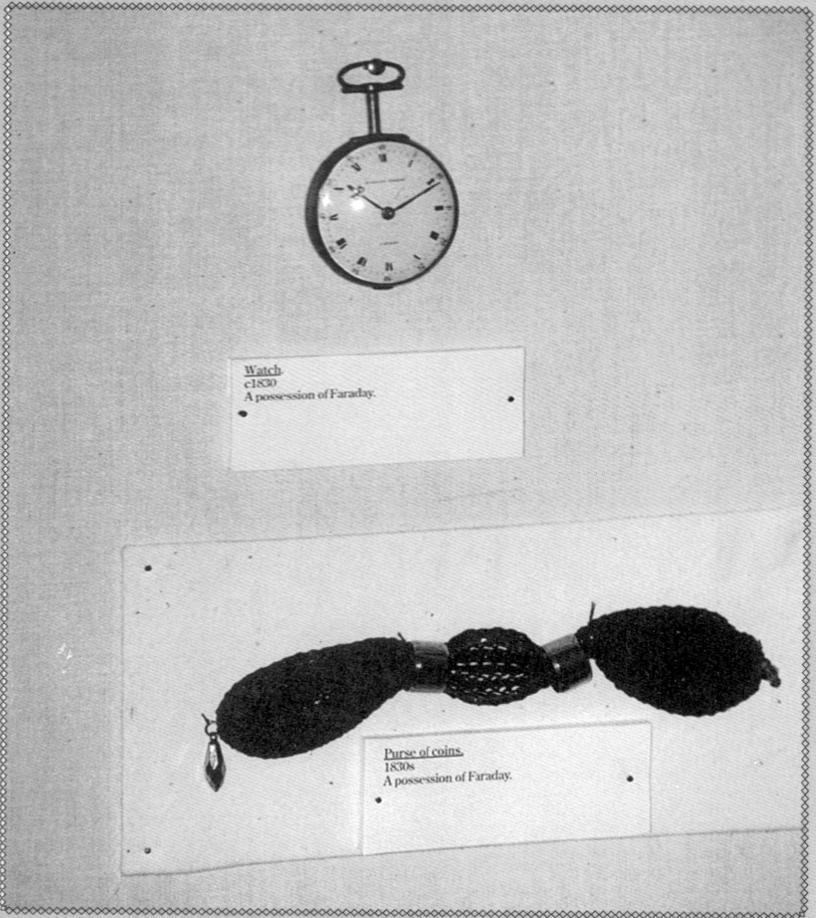

法拉第的懷錶與錢袋。

這是法拉第贈給他小姪女的兩件禮物，而時間正是他最重要的金錢。

十年實驗的失敗

法拉第的實驗裝置非常簡單。他用一個圓棒形的軟鐵，左右兩邊各繞上圓形的線圈，左端線圈接上伏特電池，右端線圈接上電流檢流器。法拉第的想法是左端的導線可以產生電流，電流在垂直方向產生磁力。因此，把導線繞成圓形線圈後，線圈中央可以產生最強磁力。左端的磁鐵應該可以傳到右端的線圈，而產生電流。

一八二一年，法拉第就把這實驗裝置做好，左端接上伏特電池，右端檢流器指針輕微抖動一下，然後就不動了。顯然右端沒有電流通過；法拉第在實驗裝置旁，等了很久，檢流器指針像隻死人的手指，動也不動一下。實驗結束，導線離開伏特電池，檢流器指針又輕微抖動一下，重歸寂然。

法拉第想可能是一個伏特電池的電力不夠，又搬來了幾個伏特電池，串聯起來增加左端的電力，但是右端還是不來電。他又在軟鐵上多繞了幾層線圈，右端指針還是不動。用不同的角度去纏繞線圈，用不同尺寸的軟鐵，甚至用更靈敏的電子檢流器，結果還是一樣。但是法拉第在實驗備忘錄上寫著：「十年的努力實驗，依然沒有結果。沒有結果，也是成果，因為已經愈來愈接近真實的答案了。」

跳躍在空中的音符

一八二八年，法拉第認識樂器天才惠登頓（Charles Wheatstone, 1802-1875），這個年輕人什麼樂器都會，拉小提琴、彈鋼琴、吹小喇叭，技術都是一流的，連吹口哨都吹得又響又好聽。法拉第本身也喜歡音樂。

法拉第與惠登頓一起研究為什麼不同的樂器會發出不同的聲音的原因。二人由弦的震動、弓的角度，手指的施力、音箱的共鳴去分析。惠登頓更用一個鐵盤，上面放置一些細砂，隨著他優雅地拉起小提琴時，鐵盤上的細砂會隨著小提琴的音樂而上下起舞震動。當小提琴的聲音拉得大聲，細砂的震動也大；當小提琴拉得快，細砂的震動頻率也加快，彷彿空氣中也有一隻看不見的手，隨著拉小提琴的弓，指揮細砂。這隻看不見的手，惠登頓稱為「音效感應」。

法拉第想到音效感應是來自空氣粒子的振動。演奏小提琴時，演奏者的弓振動弦，而弦又振動空氣中的粒子，空氣的粒子又振動人的耳膜，就聽到小提琴醉人的音符。啊！空氣中的粒子既然可以傳遞音樂，也應該可以傳送電磁！那不就成了電磁感應（Electromagnetic Introduction）。科學研究有時也像音樂藝術一樣，需要靈感的火花。

在聆賞了惠登頓的小提琴演奏之夜後，法拉第趕忙回到實驗室，將線圈自軟鐵取下。法拉第拿著一塊細長的磁鐵，小心翼翼地隔空，穿入線圈中，磁鐵與線圈沒有接觸，應該會感應吧！法拉第看著線圈上檢流器的指針。時鐘上的指針，一秒鐘、一秒鐘，滴滴答答地過去，檢流器的指針卻動也不動。唉！實驗還是失敗了！

法拉第將磁鐵自線圈中取出放在桌上，上樓去睡覺了。不過他彷彿看到，如同以前做過千百次的實驗，每次實驗結束了，檢流器的指針會突然輕微地震動一下，為實驗畫下神祕的休止符。這是怎麼一回事？法拉第在實驗備忘錄上寫道：

「研究像是探險家在攀爬一座高峰峻嶺。關鍵不在山頂的高，也不在多少漫漫長夜的努力，而在一個準確的起點。」法拉第就是一時找不到那個準確的起點。

偉大發現背後的抉擇

一八三〇年，法拉第在玻璃的製造與改良上獲得很大的成功，國家給他一千英鎊的研究津貼。不過，法拉第心思仍然留在電磁感應的實驗上，他寫道：「我不是一個光學材料的製造者，讓玻璃的透光性更完美，不是我生命的職份。在我一生有限的光陰裡，我寧願更深地從事一些經常盤繞我心的問題。我不願佔住一個已經成功的領域，享受被人不斷恭賀的果實。當我重估這一切，我為一千鎊的獎金，忘了純科學領域的探討是不值得的。」

一八三一年，他放棄更多獎金的誘惑，回歸電磁學，從此外界給他的研究津貼驟減。到了一八三二年，只有一百五十英鎊。自一八四五年起，直到一八六二年退休，沒有任何研究津貼。當年，法拉第如果不放棄玻璃的研究，到了退休可能會存不少研究津貼，但是他轉向冷門不賺錢的電磁學。日後，很多人歌頌法拉第在電磁學的貢獻，卻很少人知道當年他面對金錢所做的抉擇。

忽然抓到正確的起點

漫長進行沒有成果的實驗，是耐心的折磨，法拉第甚至在備忘錄上寫著：「我是不是在證明一種根本不存在的東西？」但是他寫後，又繼續研究。在前面看不見的漫漫路程，他彷彿有一種實質的信心，相信電與磁可以互通。

日子一天一天的過去，皇家學院旁的樹葉發芽、展葉、鮮綠、枯黃。忽然，他找到了那個準確的起點。一八三一年九月，他從實驗室跑出去，又叫又跳地在皇家學院外繞跑了好幾圈，撒拉拿著他的長衣服追出去……。

法拉第想到以前實驗剛開始與結束時，檢流器的指針會輕微動一下，不是他看走眼、不是實驗有錯、不是檢流器失調，而是在磁力改變的時候才會感應電流。如果磁力不改變，磁力感應電流，但是電流又接著感應磁力，前後兩種磁力剛好抵銷，難怪以前都不會感應電流，只有在磁力剛產生與剛要消失時，磁力的改變才會使檢流器的指針移動。

如果不斷地改變磁力，就會產生電流了！聰明的法拉第設計一個轉輪，將磁鐵固定在轉輪上，轉輪旁邊掛著接上導線的檢流器，他舉手轉動轉輪，看到檢流器的指針動了，輪轉愈快，指針動的幅度愈大；輪轉愈慢，指針動的幅度愈小。這個關鍵的發現，叫他怎能不興奮？

一八三一年九月二十三日，法拉第寫信給老友菲力浦：「我將網撒在深海中，只是不知道這次撈起來的，是魚？還是水草？」隨後法拉第又做實驗，這次他把線圈與檢流器繫在轉輪上，然後在一個磁鐵中懸空轉動，檢流器的指針一直在動，他成功的將磁轉成電了。

從此，只要一個磁鐵，轉動的線圈，就可以源源不絕地產生廉價的電流了，這篇研究報告發表時，震動科學界。後來科學界就將一八三一年九月二十三日定為「電機工業的誕生日」（the birth of the electrical industry）。

一九三一年九月二十三日，「電機工業百年紀念日」在英國倫敦舉行。有位傑出的科學家在講臺上講道：「我相信法拉第對普世的影響永遠沒有止盡，他在電磁場所留下的觀念，未來的世代還會繼續去探討。」這個科學家天才洋溢，傲視群雄，但是在他的書桌前，放了三位他所敬佩的科學家畫像，分別是：牛頓、法拉第、馬克斯威爾，這個演講的人就是愛因斯坦（Albert Einstein）。

16 登上科學的巔峰

一八三一年十一月，

法拉第在皇家學院演講「電磁感應」，在座的聽眾中，

有兩個義大利的科學家諾比利（Norbili）與安提諾利（Antinori）。

他們聽完，連夜將這好消息帶回義大利，並且立刻登出來。

而法拉第發表的研究文章，

卻到一八三二年才在英國登出來。這個時間上的落差，

造成法國的學術刊物《Literary Gazette》登出：

「又是一樁科學竊取案。」

這個誣告立刻又成為滿天風雨的謊言，

甚至與一八二一年的傳言又連在一起，這給法拉第是一個多麼沉重的打擊。

他寫信給該刊物的主編：

「為什麼不把義大利的整篇發表看完，才提出你的看法？」

該刊物立刻又刊登：

「法拉第有意壟斷電磁研究的市場。」

大大的侮辱，摧殘法拉第真純的心靈。

法拉第重回實驗室，沒有再爭辯，讓歷史與時間為他洗刷冤屈。

科學與人生

當法拉第的學術地位，高達顛峰之際，有人問他：「從事科學研究，是不是一份很好的職業？」法拉第搖搖頭回答道：「當我離開裝訂業學徒的工作，從事科學知識的探索，我本來以為，從此我將脫離內心的妒忌、苦毒。崇高的工作似乎可以改善人性。哪知崇高的科學工作並沒有改變人性，我依然軟弱、自私，而周圍的人也是一樣，唯一不同的是他們奉科學之名而為之，高舉科學並不能遮掩人性的軟弱。至於我，我只是一個參加一所上帝所開設大自然學校裡的小學生，在科學界愈久，我愈願回轉成孩子般的單純。」

法拉第在回答這問題時，物理學家格雷斯頓就站在一旁，他後來所寫的《法拉第傳》（Michael Faraday, 1873年出版）寫道：「我在法拉第的身上，看到古代東方來的博士，帶著他們最珍重的沒藥、乳香、黃金一路尋找他們的王，天地的主。電磁學是法拉第要獻給祂的寶物，他一生的珍愛，是世人不配得的，也不懂得欣賞的。當法拉第站在科學界的一天，他就是擔任上帝與大自然中間的祭司。」

法拉第晚年也寫道：「我出生於鐵匠之家，我是鐵匠的兒子，我的一生是活在那位大鐵匠對我的錘鍊中。」法拉第一生常受別人的論斷、謠言所傷，他對被論斷傷害的人，有一種誠摯的憐憫。

他曾給一個名叫馬第優斯（Matteucci）的年輕人寫道：「很多事情的不順利，並不能歸罪於你沒有一顆好的信心，我對於別人給你這樣的論斷批評，深感同情。我深深地感覺，論斷是人類的卑鄙天性，缺乏對別人真正的認識，就給人下斷語是一種無理的控告。如果我們不真正的瞭解一個人，就沒有權利去論斷一個人。我認為事情的不順利還有別的原因，是自己需要慢慢去體會的。」

法拉第定律

一八三一年，電磁感應的重大發現，似乎有惡名，又似乎有美名，法拉第安靜下來，不理會這一切，繼續把電磁學的研究推向深處。一八三三年，他仔細地研究溶液中的化學反應與通電量的關係，提出化學當量（Chemical equivalent）的觀念，並認為化學反應的能力與該物理相對的電子通量成正比，這是後來非常有名的「法拉第定律」（Faraday's Law）。

一八三二年，法拉第把電磁學轉到生物學上，他繼續戴維老師臨終前的吩咐，研究電鰻的發電，他提出：「自然界裡電的本質都是一樣的，無論是天上的閃電、電瓶裡的電、電鰻上的電，都是一樣的電。」

同年，他也發現電流與電阻的關係，但是他在發表前，發現在德國有一個沒沒無聞的科學家，早在一八二〇年已經提出：「在一定的電壓下，電阻是定值。」法拉第立刻把研究發現歸給他，這人就是歐姆（Georg Simom Ohm, 1789-1854）。著名的「歐姆定律」就是歐姆發現的，歐姆這個人的偉大是法拉第發現的。發現定律固然重要，發現人才更為重要。

地球上空三千公里

一八三五年，法拉第把電磁學再轉向地球科學。法拉第知道地球磁性，是來自地球內部岩漿對流的不均，再加上地球快速的自轉。根據電磁感應的原理，在地球上空幾千公里之處，不隨著地球轉動的大氣層，就會受地球磁場影響而帶電。

這帶電的高空是地球的一個保護傘。當宇宙射線，太陽風暴進入地球以前，經過帶電的高空，因產生偏轉而無法進入地球。過多的宇宙射線對生物有不利的影響。法拉第有這樣的認識，但是他做了幾次實驗，都不滿意實驗結果，他無法上到地球大氣層的高處。

直到一九五八年，美國發射人造衛星探索號一號（Explorer I），進入地球高空，果然偵測出地面以上三千公里至一萬五千公里有一大氣帶電層，像是一條厚厚的保護罩，阻擋宇宙射線的進入，這一帶電層的帶電量，印證了法拉第的看法。這是物理的美，法拉第說：「光是由一條導線，就可以知道這麼多知識，實在太美了！」

極光之謎

早期航海接近到南極或北極的船員，很容易看到黑暗的天空，呈現著紅色、黃色、綠色等交錯的光帶，而且隨著時間，這些光帶的形狀、大小、位置、顏色

Michael Faraday

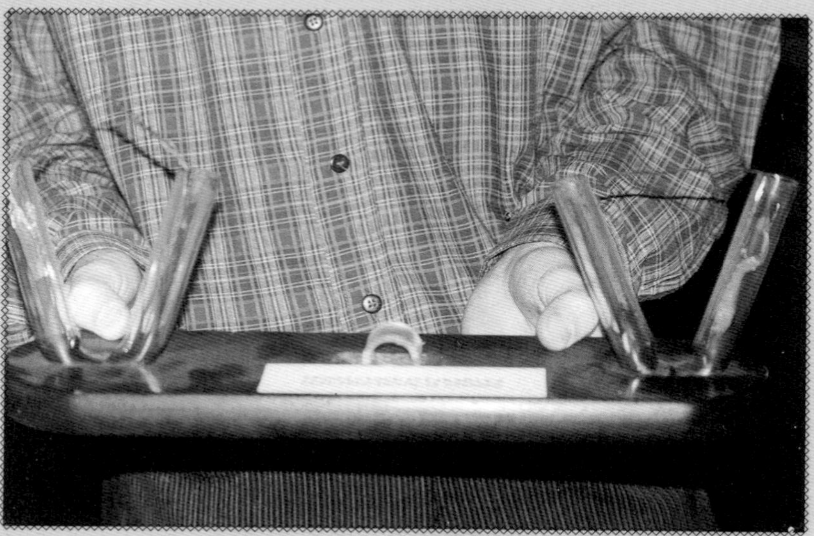

法拉第的電學實驗器材。

我在英國皇家科學院的博物館裡，手捧著法拉第的實驗器材，帶著仰慕與光榮，科學的美與教育，是一代一代的傳承。

都會改變，真是既神祕又漂亮，這些光就稱為極光。黑夜裡，沒有太陽光，哪來這些午夜的光線？

一八一七年大科學家道爾頓（John Dalton, 1766-1844）就提出：「極光是穿過高空大氣層的宇宙射線所產生的現象。」道爾頓的看法，當時很少人知道。

一八三五年，法拉第結合道爾頓的看法與電磁學的理論，認為地球的磁場分布好像是通過南、北極的環帶。南、北極的正上空反而是磁力最弱的部分。因此所感應的高空電離層厚度也最薄，成為宇宙射線最容易進入地球的地方。但是地球的其他緯度，尤其是赤道附近，是地球磁場最強的地方，宇宙射線不易穿過，因此赤道很少有極光的現象。

電漿物理

一八三五年法拉第測極光的成因，沒想到竟開啟了「電漿物理學」（Physics of Plasmad）。法拉第模擬高空電離層，在一個封閉的玻璃管中，將氣體抽至稀薄，再加上磁場，使氣體中的電子與正電荷分離，並且給予加熱，就好像撞擊到高空電離層的宇宙射線會產生熱一樣。結果，帶電的氣體放出不同顏色的光束。例如：鈉的帶電氣體放出黃光，汞的帶電氣體放出藍綠光。這些光線是離子化的氣體，在磁場下所釋放的能量，就成了極光。

這種帶電的氣體分子，在較大磁場的感應下，不斷地加速彼此碰撞，能釋放出極大的熱能，使得溫度高達幾萬度以上，成為一種重要的能源，也可以成為星際防衛的重要武器，放出的高能光束可以攔截來擊的飛彈、間諜衛星，或外太空來的巨大隕石。當然一八三五年時，法拉第研究稀薄離子化氣體的發光現象，還沒有想到以後會有那麼大的用處。

靜電物理與介電常數

法拉第研究的發現，好像泉源一樣，不斷地湧出。一八三六年，他研究靜電學，提出：「一個物體的帶電，是在物體的表面，不在物體的內部。」為證明這個理論，他製造一個木框，長、寬各十二呎，木框的上面覆滿導電物質，唯有地板部分有絕緣。法拉第坐在框中後，接上高壓電。整個木框外導線立刻火花四冒，坐在裡面的法拉第卻絲毫未被電擊。這套裝置後來被稱為「法拉第籠」（Faraday Cage）。

法拉第進而檢測不同物質表面的導電性，他稱不易導電的物質為介電質（dielectric）。他在兩片電導體間，放置一片介電質為絕緣體，發現可以減少在高壓電時，電導體對於周圍空氣的電離，產生的火花，進而增加儲存的靜電量，法拉第稱此為「電容」（Capacitance）。後來的人就以法拉第的字母縮寫「fara」為電容的單位。

為了量化介電質的電容特性，法拉第以一個平行板電容器（parallel-plate capacitor）為標準量測系統，電容量與平行板間距面積的比值，法拉第稱為「介電常數」（dielectrical constant）。

介電常數與電流在介電質的移動速度有關，在真空裡的移動速度最慢，介電常數為1。在空氣中略快，介電常數為1.00054。在水中則更快，介電常數達到

80，溫度愈高，電流速度也愈快，所以介電常數也會受溫度影響。法拉第用實驗證明，溫度愈高，介電常數愈大。

電流在空氣中的移動速度，雖然比水慢，但是空氣並不是電的良好絕緣體。一八四八年，法拉第發現馬來西亞的樹膠是良好的絕緣體，而且不易硬化脫落，後來的電線就用這種樹膠來包裹。

毛細現象

毛細現象是物理學家虎克（Robert Hooke, 1635-1703）首先觀察到的，但是虎克並沒有深入探討毛細現象的成因。法拉第研究物質表面帶電現象時，他發現毛細現象是異分子之間的吸引力，並與物質表面的帶電量有關。以水與玻璃為例，玻璃表面的帶電量低，所以當水沾到玻璃時，水滴在玻璃表面呈現凸出的形狀，他稱這是「厭水性」（hydrophobic）現象。

相反的，法拉第發現黏土（clay）的表面帶電，因此水遇到黏土時會連結緊密，充分濕潤土粒表面，法拉第稱這為「濕潤能力」（wettability）。水與土粒表面吸引力大於水與空氣的吸引力，所以水毛細上升。

吸附現象

吸附（absorption）是氣體或液體中的分子固體表面吸著的現象。法拉第發現吸附現象也與固體表面的帶電特性有關，他仔細地分析礦物對不同離子的吸附，發現由於表面電荷的不同，礦物表面吸附具有選擇性，例如：帶二價的正離子，就比一價的正離子，更容易被礦物的表面吸附。

同樣的一價離子，鉀離子就比鈉離子更易被吸附，這種現象他稱為「選擇性吸附」（selective absorption）。這種選擇性吸附，未來是研究細胞營養生理、植物水分傳輸、神經信息傳遞、土壤化學擴散等現象的關鍵理論。

法拉第不是只把電磁學留給電機工業，也嘉惠生理、植物、營養、生態學等，不同的學問可以用電磁學整個串起來的。法拉第把電磁學拿來當作解開大自然奧祕的一把鑰匙。

場與力線的觀念

一八四〇年，法拉第把一根磁鐵放在布滿鐵屑的平面上，在磁鐵的周圍，鐵屑會分布成一個複雜又有趣的圖案，他稱這種空間分布的變化為「場」（field）。由於鐵屑的分布是受磁的影響，因此他稱這系統為「磁場」（magnetic field）。

因為磁場的大小與電子移動的速度與方向有關，愈接近磁鐵，鐵屑愈密集的地方，磁場愈大；相反的，愈遠離磁鐵的地方，磁場就愈小。磁場的大到小，法拉第以直線表示之，並稱為「磁力線」（magnetic line）。在磁力線的切線方向為磁場的方位，因此在磁場上的每一個位置都可以繪出磁力的大小與方向。

天啊！沒有唸過數學，不懂微積分的法拉第，竟然把向量（vector）的觀念導入電磁學。不懂數學，是學物理者的缺憾。法拉第的豐富想像力，彌補了這缺憾。同樣的，法拉第也以「電場」（electric field）去描述帶電粒子周圍的電力大小與方位，用「電力線」（electric line）去描述電的分布。

實在很難想像法拉第只用十年（1831-1840年）的時間就可以完成這麼多且又這麼重要的研究。一八四〇年底，法拉第累了，他經常性的頭痛，失憶的症狀也顯著了。在妻子勸說下他離開實驗室，再次到瑞士休息。

17 金錢的試探

法拉第認為自己最大的缺點是脾氣暴躁，缺乏耐性。

別人卻認為他最大的缺點是不會存錢。

老友菲力浦寫信給他：

「你不要老是把錢送給路邊的乞丐，還有你教會裡的窮人。依我看來，他們不過是倫敦貧民區的一群無賴。

想想你的妻子吧！每到月底她都沒有錢買菜。

好不容易，有慷慨的廠商要送你錢，你又把他們趕走，

生意人是講求利潤的，你為他們解決產品上的問題，

把他們的事，當作你的事，理當獲得他們一點的研究津貼，

結果，你的助理告訴我，

你已窮到又回到舊貨商那裡，挑一些舊貨用。

難道，

你不知道你現在的身分——大不列顛王國的一流科學家？

你這樣做，是讓我們的政府羞愧！」

法拉第的回信是：

「錢如果沒有用它，錢是沒意義的。」

送錢大師

儘管法拉第在科學上有許多傑出的成就，但是他在金錢上的使用，使他長期擁有一個「笨蛋」（Nut）的外號。他對金錢的吸引力，反應太遲鈍了。例如：法拉第在一八一五年到一八三五年，整整二十一年間，他的薪水竟然分文未加，他也沒有去爭取這應得的權利。他愈沒有把心思放在錢上，皇家學院就愈在金錢上佔他便宜。

一八二七年，英國倫敦大學以高薪禮聘法拉第擔任化學系的系主任，法拉第拒絕，他回信道：「皇家學院過去十四年給我多少知識的裝備、多少喜悅的回憶、多少學生對我的尊重，這都彌補了薪水的不足，所以留在皇家學院實在是我的責任。」

一八二九年，軍事學院（Military Academy）請他去擔任化學的講授，每年只要去上二十堂課，就能獲得兩百英鎊。法拉第去上課，大受學生歡迎。但是他錢來得快，去得也快。他經常去看望病人，每次都會送錢去，幾年後，他把這個額外的、優渥的教書工作讓給老友愛伯特。

一八四四年，愛丁堡大學（University of Edinburgh）化學系系主任出缺，法拉第又成了最佳人選。愛丁堡大學這次不是以高薪吸引，他們太瞭解法拉第的個性，而是以提供足夠的實驗室空間，還有實驗室外面可以遠眺翠綠山岡，山下有小河，河水清澈，鱒魚可見，愛丁堡大學是人間美境，法拉第還是不為所動。

窮富一線間

一八二七年法拉第出版《化學操作》（Chemical Manipulation）一書，相當暢銷，一再再版。到了一八三八年，法拉第竟拒絕第五版出書，理由是：「科學的書一再再版，是科學進步的恥辱。」他又擋了自己的財路。

一八六八年，有一個未曾受過教育的年輕人，在舊書攤中閒逛時，看到一本破舊的法拉第著作《電學研究集》（Collected Researches in Electricity），如獲至寶般將它買回，重作書上的實驗，並且一生走上電學之路，這個年輕人就是愛迪生（Thomas Alva Edison, 1847-1931）。一本好書，即使淪落到舊書攤，依然能成為別人的祝福。

富勒（John Fuller）是一個老財主，偶然來皇家學院聽法拉第上課，大為讚賞，認為法拉第是國之瑰寶，就在皇家學院設立講座，每年捐贈十萬英鎊，請法拉第當講座老師。但是這筆錢進入皇家學院的庫房後，簡直是一入侯門深似海。法拉第去請購儀器設備，司庫大人竟吼道：「別想從我這裡拿到半毛錢。」

岳父大人出面了

一八三五年，英國議會的議員稍斯爵士（Sir James South），知道法拉第的經濟狀況後，在議會裡提議由皇室經常費（Civil List）裡，每年撥三百英鎊供為法拉第的研究津貼。當時的總理皮爾爵士也允准。沒想到，不久皮爾內閣倒臺，新上任的總理梅勒伯尼議員（Lord Melbourne）推翻這個案子，他下令要法拉第親自到議會來，填一大堆申請表格。

法拉第拒絕前往。他回答道：「我的生活已經夠用，為什麼還要津貼？如果政府要給津貼，必是政府樂意給的，為什麼還要這麼多手續？」有一些人勸法拉第遷就一下，法拉第還是不為所動。

撒拉知道丈夫的個性，只好親自請父親出馬。法拉第看到岳父大人，知道妻子的想法，就到議會去申請津貼。沒想到這件事後來引起軒然大波，甚至讓梅勒伯尼的新內閣幾乎倒臺。

法拉第在申請表格內，依照他的看法據實以答。表格內詢問法拉第在銀行裡的存款，單純的法拉第填上：「我的財產不在地上，而是在天上。」表格內又問他申請政府津貼的原因，法拉第填上：「一個人不能事奉兩個主人。又事奉金錢，又從事科學。」在過去最有貢獻的一項成就中，法拉第只寫上：「神學（theological）。」沒有人填過這麼離譜的答案。

拒絕施捨的鐵漢

事後審查法拉第申請津貼案時，梅勒尼伯內閣的官員，個個譏笑法拉第：「寫得牛頭不對馬嘴啊！」、「瘋狗」、「頑固份子」……，梅勒伯尼甚至在法拉第面前把申請表撕得粉碎，並且大罵：「一派胡言！」法拉第沒有作聲，彎腰把撕碎的紙拾起，回頭就走。

梅勒伯尼與其他內閣大人以為這事就告一段落了，沒想到隔天泰晤士報的頭條新聞：「保守派與自由派聯合內閣，自命掌握科學家的生殺大權。」副標題寫著：「梅勒伯尼大人羞辱當今第一科學家紀實」。接著，更詳述了整個案子的來龍去脈，並且指出一個對國家、對人類文明這麼有貢獻的人，卻連買一些電線，都必須站在店門口，來回盤算口袋裡還剩多少錢的隱情。

這項報導使得群情激憤，受過法拉第幫忙的礦工、瓦斯工、電報工、學生、窮人……不斷地投書指責，而議會也反對內閣的處理方式，最後連國王威廉四世（William IV）也出面說，他自願每年為法拉第捐出三百英鎊。

梅勒伯尼只得趕緊以書面道歉：「這完全是一場誤會，將立刻釋出三百英鎊。」但是法拉第拒絕接受這種錢，他實在頑固得很。政府只好走後門，請了位貴族夫人，在一八三五年的聖誕夜，把三百英鎊包成禮物，送給法拉第的妻子撒拉。兩年後，法拉第發現這個祕密，在妻子模糊的眼淚中，法拉第堅決地把錢退回去。他再沒有領這筆錢。

18 礦坑爆炸案

一八四四年，

德罕（Durham）礦坑爆炸，死了好多礦工，

有些被救出的礦工，一口咬定：

「安全礦燈失效！礦坑爆炸時，完全沒有警訊！」

法拉第帶著安全礦燈，下到礦坑中，

隨著升降機，他下到坑底，坑裡冷風徐徐吹來，他的頭腦逐漸冷靜，

他在坑道中邊走邊爬，

一邊看著安全礦燈的火焰，一邊做著坑道通風量的測定，

八個小時過去了，他還沒有找到爆炸的原因。

忽然他看到一個潮濕的袋子，把袋子打開，取出袋中的粉末一聞：

「啊！火藥！」

袋子裡還有一些灰燼，他細心地拾起來看。法拉第知道答案了。

他上到洞口，走入議會呈請立法，從此，「礦坑內禁止吸煙。」

法拉第效應

一八四二年時，法拉第自瑞士歸來，又回實驗室。一八四五年，法拉第提出：「在磁場的影響下，光有偏轉的現象。這稱為光的偏振（polarization）。由光在磁場的偏振，可以知道光是電磁波。」這是非常著名的「法拉第效應」（Faraday Effect）。

同年，法拉第研究磁場對礦物、植物、動物的影響。他首先發現玻璃在磁場影響下，其方位也會改變。並與磁場水平方向呈垂直，他稱此為「反磁性體」（diamagnetic），除了玻璃以外，他發現人的血液也是反磁性體，他認為這是物體內部因為電的運動方向而有磁性，而這內部磁性的方向與外面磁場的方向相反，以致反磁性會趨向磁性較弱的方位；相反地，趨向磁性較強方位的物質，法拉第稱為「順磁性體」（paramagnetic）。

一八四八年，法拉第以電磁學去研究礦物晶體的結構，他提出「在磁場的影響下，可以由分子的偏轉，瞭解晶體的結構特性」，這是「磁化學」（magnetochemistry）理論的開始。像是一個聰明的建築師，法拉第深深地挖掘電磁學的根基，他知道，總有一天，電磁學會成為人類文明重要的一部份。

最後的研究

一八四九年法拉第研究電磁與重力的關係，他提出了「同樣電力也可以在真空中作用，因此電力的傳輸不需要以太（aetuer）存在的假設。」一八五〇年後，法拉第又因頭痛而使他的研究能力迅速減退。

一八五七年，法拉第提出非常著名的「膠體化學」（colloidal）。膠體是物理相的第四態，既不是氣體、液體，也不是固體，而是一種極細小的顆粒，能夠長期的懸浮在空氣中或液體中。法拉第認為「膠體與顆粒表面帶電特性，會影響顆粒的行為」，他在水中加入各種鹽類，證明有「膠凝」（coagulation）現象的存在。

一八六二年，法拉第研究鈉的火焰光譜，發現在磁場的影響下，光譜的間距會增加，他認為是因為電子質量的不同，在一定磁場影響下，會產生不同的偏轉。這是法拉第一生最後的研究。一八五九年，法拉第對後來的研究者說：「讓你的想像力向前奔馳吧！用理智的判斷力與精確的原則去規範，再用嚴謹的實驗去拉緊韁繩吧！」

19 靈異與科學

一八五三年時，

靈異之風狂吹，巫術流行，

上至議員、法官、教授，下達學生、販夫走卒，

流行一種算命的遊戲——「感應盤」（Table-running）。

深夜裡，

一群人圍著桌子坐，每個人把手放在桌邊上，靜靜地等待著，

忽然，主持人說到「來了！靈來了！」然後桌子開始轉動。

轉、轉、轉……

沒有人認為是別人或自己有意轉動這個桌子，

他們都相信這是：靈的旨意。

女巫開始成為靈的代言人，

預測在場者的命運、逢凶化吉之道、財路、感情，

為什麼女巫可以感應到靈的來臨？

答案是：

「這是一種電磁的感應，神祕的超能力！」

以後十多年，法拉第遭遇許多無情的攻擊，

只因為，他公開反對把靈異帶入這種電磁學。

靈異與科學

一八五三年七月二日，在靈應盤流行熾盛之時，法拉第署名在文藝學會的期刊上發表：「人類的感官知覺多變化，但也膚淺；人類的直覺是易下結論的，但缺乏判斷性的準則。若人類的活動是依靠感官與直覺，則人類的前途將失去方

向，喪失準則。如果直覺可以取代準則，所有的學校都可以關門。因為人的心已經毋須接受外來的教育了。

教育的前提是人的心需要理性，需要準則的規範。這些準則是歷代知識的精華，是經過嚴格的批判與考驗的。我們的信心是建立在這上面而非一時的直覺。人是會有錯誤的，倘若沒有經過嚴格的批判，沒有經過約束的直覺，錯誤更大。

當我參加靈應盤的聚會，我發現那些聲稱靈異的人，是群自己不批判自己在講什麼的人。他們的興趣慾望蒙蔽了該有的批判性。我個人對盤子會不會動不感驚奇，我對人類喜愛用曖昧的儀式，洞窺未來命運的習性，不管是多時髦的流行也絲毫不感驚奇。一群人的肌肉不自覺地運動，很容易產生這種盤子的轉動。

令我驚奇的是，尊貴的人竟然會在這種毛病百出的活動中，追求群體性的催眠。在他們確信鑿鑿的言論中，有多少成分是經過自己嚴格審查的？不僅自己不審查，也反對別人察驗。我稀奇連知識分子，也落在人云亦云的迷信中，不願花心思，也不願用過去所受的教育，去仔細觀察。怪異的不是這些現象，而是這些人心。」

高等教育的偏差

法拉第的這段論述，受到相當大的攻擊、謾罵。三個星期後，法拉第給瑞士的物理學家史育比恩（Schobein）寫信：「我的攻擊者，是來自暗中旋轉盤子的人。湧來的攻擊，反而把我的思索與看法散播出去。每當我想到人心，不禁感嘆，我們是活在一個多麼荒謬的年代，何等的軟弱、何等的容易受騙；既不相信真理，又大膽而愚昧地置身在令人恐懼的迷信裡，這些矛盾的行為確實荒謬可笑。」

攻擊法拉第的也非泛泛之輩，很多是法官、律師與大學教授，法拉第沒想到社會上最迷靈異的是這一群人。有一位法官攻擊他道：「科學也不過是一種狹窄的思想，怎能知道靈異世界背後的博大精深？」法拉第沒有直接回答他，法拉第認為這位高級份子的反應，是高等教育出問題，以至於不能培養出在基本問題上有分辨能力的知識分子。

法拉第回覆道：「這不是一個高級知識分子所該問的問題，這提醒了我，今日許多知識份子已喪失對基本問題的分辨能力，如同未受教育的人一樣。」

不久，法拉第在皇家學院講道：「很多學生已經唸了很多書，但在知識上還是相當的無知。他們唸過能量不滅定律、原子的基本結構，還有這個定律、那個定律，但是問他們這些跟周圍的事物有什麼關係？他們卻答不出來。我們的高等教育成為學生堆積知識的管道，但學生們失去知識的判斷力。

所以什麼是高等教育的本質？應該是讓學生的心智能夠受到訓練。更精確地說，就是讓學生有邏輯思考的能力，能夠解析周遭問題的前因後果，哪些是關鍵的？哪些是外表假象？能夠把每一個事實、證據，像磚頭一樣，一塊一塊地建造起來。不用很快地堆積，而是慢慢地知道怎麼分辨。非常遺憾的，過去五十年來，教育並沒有達到這個目的。」

人性的無知

一八五四年，靈應盤的靈異之風更加盛行，不過，法拉第不因人多流行，就改變他的立場，他反對靈應盤的旗幟仍然非常鮮明。法拉第甚至向教育當局建議，要求將物理與數學納入全國各級的教育系統中，以提高學生思想分辨的能力。法拉第認為傳統的文學與語言訓練，應再配合物理與數學的訓練，使學生有更清楚思考邏輯。法拉第的建議使得物理與數學後來進入普世中、小學的課本中。

一八六四年，有一位大學教授聲稱在電磁實驗中看到靈異現象。法拉第給他回信道：「我不認為研究電磁學的人，需要花那麼多的時間與心思去看靈異。如果靈異是電磁學中的共通法則，早就已經被看到了。你說的靈異顯然相當的偏頗，只有你看得到，而從來沒有在我的實驗中出現一下。」

法拉第認為這批人是把正常視為異常，然後利用人性的無知，獲得不當的利益與名聲，這是對嚴謹科學的侮辱。法拉第寫道：「真正的科學不需要廣告、不用鼓吹；需要的是把研究成果，前因後果，實驗程序，仔細地寫清楚，在學刊上發表就可以了。如果是確實的，隨著時間，社會的看法會逐漸歸正。但熱衷靈異的人，是被自己的慾望蒙蔽，因此看不見自己的錯誤。對外界的鼓吹，反而遠多於自身言論的嚴謹批評。」

世界末日論物理

除了流行靈異之風外，當時另有一批人，高舉「世界混亂、末日將至」，到處鞭撻人心。有位出名的牧師還直言：「天上的火要下來燒盡萬物，就像索多瑪城一樣，化為灰燼，因此搞科學有什麼用？物理學有什麼用？電磁學有什麼用？這一切不過是虛空、不過是灰燼！」

法拉第的答辯，後來收集在普力邱勒牧師（Rev. Pritchard）所著的《自然與恩典的進展與類比》（Analogies in the Progress of Nature and Grace）一文中：「法拉第是我在這個時代中，所見過最偉大，又最好的人，他從來不在公開的言論中，強把自己的信仰加諸於聽眾身上。他說：『我們不該在宣講的內容上，用自己的信仰加油添醋，而是應該冷靜的，確確實實把所要講的內容，放在正確的原則上。我們講論的真實，要比表達裡的慷慨激昂更重要。耶穌常講一句話，有耳可聽的，就應當聽。真正的講道，準確最重要。有心要聽的人，自然就會聽。』

多少次我看到法拉第在上課以前，進到教室後面的一間小房間，跪在地上禱告三十分鐘。他希望平靜自己喜、怒、哀、樂的情緒，把每一點的講論都擺在正確的根基上，後來很多人學他，在皇家學院上課以前三十分鐘，就進到後面的小房間靜默。」一個人如果知道傳講時該有什麼正確的態度，他傳講的內容就會有很大的修正。

法拉第寫道：「當我思想到自然界裡有許多巨大的力量，每一種力量都足以毀滅人類的生存，但是這些力量卻沉靜地維持在一種巧妙的平衡之中。不僅沒有危害人類，而且對人類的生活、經濟活動有很大的助益。這樣高智慧的設計，遠超過語言所能描述，我只能敬畏上帝的智慧。」

他又道：「上帝已經給我們一個大自然，這是上帝要我們用大自然的知識，去訓練人的心智，使人們培養出終生學習的習慣，這是一個人避免胡思亂想的最佳方法。」

法拉第認為動輒就用世界末日為藉口的人，是避世與放棄終身學習的人，以至於看事情的觀點沒有深思，假借上帝的啟示去作一堆鬆散、馬虎的結論。法拉第相信，上帝做事情是有原則的。

生命的本質是什麼？

一八五八年，法拉第在《論惠頓電報與科學的關係》（On Wheastine's Electric Telegraph in Relation to Science）一文中寫道：「物理教育的目的，就在於讓學生認識真相，例如以電學是物理的美來說，這種美不是在於電的不可捉摸、神祕不可測，而在於電學是有原則的，因此物理可以作為教育的素材，可以使人有智慧，不僅在使用電，更在瞭解其背後的法則，這些電學的法則是上帝給人的恩惠。」

當時也有科學家對電磁學有過度的反應，例如：有個名叫格羅西（Andrew Grosse）的科學家聲稱：「只要用一杯鹽分溶液，配上電磁作用，就可以產生一隻昆蟲。」另有個科學家布魯克（Julius Plucker）提出：「電磁有一種結晶作用，可以讓水溶液結成水晶，也有可能產生一些植物的基本成分。」法拉第的回覆，非常簡短：「電磁是生命的現象，但不是生命的本質。」本質決定外在現象，但是現象不會產生本質。

一八五〇年，流行法國的社會主義，有些人結合社會學與科學，開始提出「科學可以幫助人類解決一切的問題」，喊出「人定勝天」的口號。「人定勝天嗎？」法拉第答覆道：「人能勝過自己嗎？如果不能勝過自己，何能勝天？」有人說：「科學是解決一切問題的萬靈丹。」法拉第答覆道：「人都會有偏差與錯誤，當科學的理論是為解決問題的絕對真理時，即將給人類帶來莫大的傷害。」

20 最著名的科學教室

從一八二五年到一八六二年，
法拉第在皇家學院主持的「星期五之夜討論會」（Friday Evening Discourses）
成為全世界最受歡迎的科學教室。
成員由七、八歲的小孩子到九十歲的老公公，
有倫敦碼頭工人，也有英國女王維多利亞，
有學生、教授、議員、貴族、記者、工業鉅子，
有學物理、化學、考古、地質、美術、音樂的，
在這裡靜靜地傾聽科學的發現者
探險家戴維森（John Davidson）講他如何進入埃及的金字塔，

植物學家布朗（Robert Brown）講如何發現水中顆粒的「布朗運動」，

化學大師道爾頓（John Dalton）講他的氣體「原子論」，

考古學家比悌格魯（Thomas Joseph Pettigrew）講木乃伊內屍體的分析，

教育學家泰勒牧師（Rev. William Taylor）講盲人的教育方法，

機械學家羅素（John Scott Russell）講輪船的抗浪原理，

流體力學學家史脫克（George Gabriel Stokes）講光折射的變化，

熱力學家凱爾文爵士（Lord Kelvin）講絕對溫度與能量的轉換，

物理學家馬克斯威爾（James Clerk Maxwell）講電磁場理論的推導。

……

科學的豐宴

一八二四年，化學教授布蘭第生病，法拉第代替他，成為化學課的老師。

一八二五年，課程結束後，法拉第找一些學生，在星期五的夜晚一起討論最新的科學研究，這是十九世紀，最著名的科學教室——「星期五之夜討論會」的開始。法拉第主持這個科學教室，直到一八六二年退休為止。

法拉第相信，科學研究不只為滿足自己的求知慾，更不為建立自己的名氣與財富，而是與眾人分享。大自然是上帝給人學習的學校，因此大自然的知識是人與人之間，分享知識的最好題材，因此，科學給社會最大的回饋，不是科技的便利，而是教育的分享，這是法拉第一生最喜歡的教育工作——主持「星期五之夜討論會」。

一八二七年，法拉第寫下星期五之夜討論會的情形：「這是在輕鬆與愉快的氣氛下所進行的聚集，可以邀請朋友參加，而討論題目有科學的，有非科學的。研究的項目，有的是很微小的顆粒，有的是很龐大的建築。討論的時間可長可短，只要盡興。參加的人數可多可少，人少就用圖書館的桌子，人多就在演講廳。討論的形式也不拘，在不影響別人的情況下，你可以帶一杯咖啡或一杯茶來參加，也可以跟旁座人輕聲招呼。我所能保證的是，每一次的演講，都是一場豐宴。」

人人平等的科學教室

法拉第最重要的科學發現，如：「電磁轉動」、「電磁感應」、「光在磁場下的偏轉」……等，都是在星期五之夜討論會首先發表的。每一場的討論會大約有四百人至七百人參加。

從一八二六年起，這裡已經被認為最新知識的傳播站，也被視為發布新發現的所在，每一場的演講，都是發現者親自來講理論怎麼形成，實驗怎麼進行。來參加的除了學生、教授要知道第一手知識經驗之外，也有工商人士，無形中這討論會成為學術與應用之間的橋樑；來參加討論的，也有記者，這裡也就成了大眾媒體報導科學的資料來源，英國女王維多利亞也常來聆聽討論。

法拉第的科學教室，是最民主的地方，所有人在這裡都是平等的，沒有任何的貴賓席留給女王、總理大臣、議員、教授……，總是先來的先坐，後來的沒位子，就要坐在走廊上。

逃走的講員

法拉第講「空氣磁學」、「磁與光」、「物質的磁現象」這三堂討論會，都有超過一千人參加，把七百五十人座位的演講廳擠得水洩不通。人多也會造成講員的怯場。

一八六〇年，惠頓爵士來星期五之夜討論會講「電報學」，他與法拉第從皇家學院後面進來。惠頓爵士看見裡面人山人海，忽然一個踉蹌，從樓梯上滾下來，法拉第趕快把他扶起，只見他臉色泛白、冷汗直流，一轉身就逃離現場，消失在黑夜裡。

除了電磁學的尖端知識，法拉第也講比較通俗的題目，如：古代的弓與箭、電鰻的運動、自流井與地下水、如何將鑽石變成焦碳、火焰的特徵……等。科學知識不是科學家的禁臠，應該是老少咸宜的。

法拉第的老友愛伯特寫道：「有一次法拉第在講解空氣引擎的原理，大家正仔細聆聽時，坐在前排的富勒爵士睡著了，他是一個胖子，他的鼾聲愈來愈大，而且就像引擎一樣，呼嚕、呼嚕作響，忽高昂又低沉，頗有節奏，後來打鼾聲超過演講者的聲音，法拉第只好暫停，有人用手肘碰一下富勒爵士，他睡中忽醒，以為演講結束了，站起來，大聲鼓掌，並大叫『好嘿！』（bravo），引來哄堂大笑，在笑聲中，法拉第繼續講課。」

事後，法拉第也沒有責備富勒爵士，在科學教室睡覺總比在附近遊樂場遊蕩要好。

聖誕教室

法拉第與撒拉沒有孩子，但是他們生活並不孤單，他們的親戚不斷地將孩子寄託在他們家裡，其中住的最久的是他的姪女瑪格麗特・雷勒（Margaret Reid）。法拉第的一生沒有什麼積蓄，但是他把長期紀錄的哲學雜錄、實驗手記、日記、水彩筆與幾袋玻璃珠都留給姪女。研究法拉第歷史的人，應該感謝她。她把這些妥善保存，並在臨終前，把這些寶貴的東西，悉數捐給博物館，為後來的人留下第一手的史料。

法拉第除了「星期五之夜討論會」之外，他在一八二六年的聖誕節，也開始了以後著名的「兒童聖誕演講」（Christmas Lecture for Children）。參加的都是十歲左右的小孩子。法拉第對孩童的喜愛，與對科學的融會貫通，使他設計出活潑、單純、高度創造性的科學教材如《一支蠟燭的化學故事》（The Chemical History of a Candle）。

法拉第的課就像一張飛毯，帶著小孩子們飛翔到科學的夢幻王國。法拉第寫到：「科學是單純的法則，孩子有單純的心，用非正統的教學，去表達科學的核心思索，對孩子會是很大的幫助。」今天，學生課本中仍有蠟燭火焰的結構、排水集氣法、水蒸氣的冷凝、鐵線在純氧中的燃燒、蠟燭的煙隔空點火等，都是當年法拉第一手設計出的教材。

科學老頑童對小孩的勸勉

法拉第年紀愈大，愈像個老頑童。一八六一年，他對孩子講道：「現在，我們想一想，唔！活在這個星球上是多麼奇妙的事。我們在這星球上出生、吃飯、生活久了，就忘了周圍的一點一滴都是值得讓我們驚喜的事！讓我猜猜看，你們到幾歲才會看到好高好高的山，十歲？二十歲？你們會驚訝，哇！這星球上怎麼會有這種龐然大物？

但是我要告訴你們，生命能存在，是這個星球上最令人驚訝的事。為什麼我們能在這裡？為什麼我們能活著？為什麼我們能站？為什麼我們走來走去？讓我們的心永遠有一點空間，來想這些事。

如果我們離開這一個星球，也許我們就沒有這些問題可以想，沒有機會深入這些問題背後一些非常美麗的原理。如果你們知道這些原理有多美，會不得不驚訝，我們所在的世界是多麼的奇妙。古代的哲學家就已開始探索這些問題，我們整個文明的精華、知識的傳遞、最高的娛樂，做事的能力，就是維繫在這些美麗

Faraday lecturing to children
at The Royal Institution

法拉第的聖誕教室。

在人類的歷史上，很少有一位像法拉第這樣專為兒童開課演講的科學家。

園裡的思索裡。」

如果人類只有一隻腳？

講完後，法拉第接著問：「如果人類只有一隻腳，他要怎麼移動才省力？」法拉第先把一隻腳綁起來，解釋人站著不動時，自己身體的重心在哪裡？然後在地球重力的影響下，身體的重心要怎麼移動才能省力，才能保持平衡。

法拉第說完以後，就像個馬戲團的特技表演者，他的表情可愛、動作純熟，加上邊做邊有吆喝聲。他可能在上課前已經練過幾次，先是用手扶著桌子走，然後在小孩的驚呼聲中，他起手離開桌面，用一種怪異的姿勢保持重心的降低，用手臂揮動的力量，扭轉身軀。不久，這個七十一歲的老頑童撲通摔倒在地。

那一晚上，小孩子們回家時都為自己能有兩腿走動，兩手揮擺，充滿了感恩之心。

誰能分開石頭？

有一次，法拉第對小孩子們講「分子的內聚力」（Molecular cohesion），即使大學裡，這也是很艱深的題目，法拉第一上課就像市場賣魚的小販大叫：「來！來！來！今天我們要來看看誰是大力士？」所有的耳朵都豎起來了。

法拉第掏出一塊白色的方解石：「有誰能分開這顆石頭？」很多孩子出來捶它、壓它、丟它、咬它，甚至有人用火燒它，用水溶它……，那一顆石頭實在很頑強，絲毫未損。法拉第曾說：「最好的教學方法，是在引發孩子的好奇心。」法拉第也佯裝不懂，與孩子們一起想，怎麼這塊石頭還不破？石頭這麼小，怎麼會有這麼大的力量，承受大家的虐待？

下課時，還是找不出方法，後來法拉第分給每個學生一塊小方解石，叫他們回家試試看，給孩子們上了一堂終身難忘的課。

尋找自然界裡的「距離平方成反比」

「你們有沒有聽過開平方成反比？」法拉第有一次在課堂上問道。教室裡傳來一片的嘆息聲。法拉第微笑道：「開平方成反比是悲傷的音符嗎？是頭痛的促進劑嗎？如果你們真正瞭解開平方成反比的意義，你們會不自覺地愛上它。」

法拉第點了一個瓦斯燈，又在燈前不遠處放了一個鐵框，鐵框裡面放了一大片白紙板，他像一個魔術師一般，熟練地把道具擺好後說道：「過去你們可能聽過，今天的實驗是讓你們親眼看見。」

法拉第把演講廳的燈泡關掉，再把瓦斯燈打開。當燈光投射到白紙板時，畫下投影的面積；然後再把距離拉長，把投影的面積又畫下來。投影的面積愈大，單位面積的強度就愈小。法拉第實際證明出光的強度與距離的平方成反比。

法拉第每年聖誕節都講不同的科學原理，直到一八六四年，這些孩子平時有科學的問題也可以回來請教法拉第老師，而法拉第也樂於與他們討論，看他們做實驗。法拉第曾說：「成為一個好的講員，最關鍵的一個條件是，他願意從與聽眾的討論中學到東西。」

耕耘總是會有收穫，法拉第的「聖誕教室」後來至少也出了兩個著名的科學家柏琴（William Henry, 1838-1907）與富蘭克蘭（Edward Frankland, 1825-1899）。柏琴是從煤炭中提煉紫色染料的科學家，是化學工程裡的染整工業之父，今天我們的衣服能染成美麗的顏色，是他開始的。富蘭克蘭是提出化學鍵解釋分子結構的科學家，是土木工程裡的環境化學之父。現今水工程裡的膠凝處理、沉澱處理，也是他先發現，進而普及全世界的。

Part 4

退休時期

晚年時的法拉第。
仍是溫柔地和妻子撒拉同行，走過祝福滿滿的一生。

21 科學老頑童

在法拉第的退休紀念日上，
來自世界各地一流的科學家、教授……
群聚在一個豪華的餐廳裡。
有的歌功頌德，
有的感傷懷念，
一個接著一個講，
忽然，自講臺前飛出一個白色的迴力棒，
在眾目睽睽下，
優雅地在空中繞了一個彎，

再慢慢地旋轉回拋出者的手中，
那個白色的迴力棒，
原來是用餐廳裡高級點菜單摺成的，
而那個笑嘻嘻的拋出者，竟是法拉第，
他對如何把點菜單摺出迴力棒，
比那些演講的內容更感興趣，
真是物理學家的英雄本色！
矜持的氣氛消失了，一片歡笑聲中，
整個餐廳，飛翔著迴力棒，
都是用點菜單摺成的。
在物理學的大會裡，
需要歌功頌德？
還是迴力棒？

泰晤士河的實驗

成為一個科學家，像是參加一個大自然知識的探索隊。有探索精神的人，是永遠不會退休的，也許會把原來的工作，交棒給新人，但是退下職位，還是可以從事很多工作。一八六一年十月十一日，法拉第自皇家學院退休。一八六二年，辭去星期五之夜討論會的主持。一八六四年，辭去長老教會的事奉。一八六五年，辭去聖誕教室的主持。法拉第退休後，仍繼續他的實驗，其中最著名的是水汙染的調查與燈塔的改善。

一八五五年，法拉第就發現工業革命後，人口往都市集中，許多河流都成為都市汙水的排水溝，或是工業廢水的排水道，原來乾淨的河川變得又黑又臭。他並不認為科技發展，需要犧牲環境。但要怎麼表達河川汙染的程度？

法拉第拿一支長的鐵竿，在尖的一端插上他白色的名片，坐船沿著泰晤士河上溯，沿途把鐵竿插入水中，讀取看不到白色名片的水深。水深愈淺，表示河水受汙染變為混濁後，水中的透光性差；反之，水愈乾淨。法拉第用這簡單的裝置，就證明倫敦市的汙水排放，是影響泰晤士河河水混濁的主要原因。

根據這個實驗結果，法拉第要求倫敦市議會要建立汙水道，將各家庭的汙水集中，再設立都市汙水處理廠，以沉澱、過濾的裝置，淨化水質後，才得再排放進入泰晤士河。

環境的保護者

法拉第的呼籲是環境保護的先聲。當時議員反對的聲浪不小，建造汙水下水道是要花很多錢的，而且建造在地下，一般人看不到，顯不出政治人物的政績表現。政治人物寧可去蓋地面上容易被人看到的建築、橋樑、馬路等。從要不要建造地下汙水道，就可以分辨一個政治人物是政治家，還是政客？

法拉第遭受反對，仍然繼續不斷地監測河川，後來泰晤士報登出：「法拉第不斷地發出名片，敬請水下汙濁的水怪改善水質，我們期待這些髒傢伙能接受教授專業的建議。」議員們當然知道，這是報紙在指桑罵槐，法拉第的議案就通過了！

之後，果然大大的改善河川水質，即使如此，法拉第還是經常地檢測各河川的水質。法拉第退休後，接續法拉第職位的，就是環境化學家富蘭克蘭，以分析水質，處理汙水著名的科學家。科學既然有辦法製造汙水，科學就有辦法處理汙水，解鈴還須繫鈴人。

把那一盞燈點亮吧！

法拉第的妻子撒拉老年的時候，腳有一點瘸。法拉第扶著她，慢慢地走著，到他們兩人起初定情的多弗海邊，回憶著一起走過的日子。沒想到，日後竟救活了很多人。法拉第發現多弗有一座燈塔，但是燈光那麼黯淡，這樣怎能有效地讓船員看到海邊危險的礁石與淺灘？法拉第決定把人生的餘光，奉獻來改善燈塔。

法拉第研究燈塔的照明設備，立刻發現燈裡的水蒸氣會減少光的強度，他用一條排氣孔，利用燈的高溫，把水氣排出；他又發現燈光要強，要有高度聚光的效果，他用凹鏡片，不同角度的擺放，可以達到最大焦距的效果。他又研究燈的放置，燈太朝上，大部分的光都射上天空，反之，大部分的光線都射到海底，無論射到天空或海底，都沒有發揮燈塔的功效。

法拉第請很多漁夫幫忙，他調整燈的角度，讓漁夫在遠的地方，也可以看到燈光。經過法拉第調整，多弗燈塔成為英法海峽最亮的一盞燈，以後英國的每一座燈塔，都照法拉第的作法，一一大放光明。法拉第的晚年，就是經常與妻子巡視多弗燈塔，看著燈光靜靜地射到遙遠的黑暗處，他知道多少往來的船隻，因為看到這盞燈而感到安全。

不過，在第二次世界大戰期間，德國的轟炸機攻打英國，第一波的炸彈就是攻多弗燈塔，以破壞英法海峽之間的航運安全。法拉第當年設計製造的燈塔雖然被炸了，但是他留在電磁學、電化學、光學等貢獻，卻世世代代照亮許多學生的心田。

法國皇家科學院的化學家杜瑪斯（Jean Baptiste Dumas, 1800-1884）拜訪法拉第後，在化學學刊上寫道：「法拉第—人類史上發現最豐富的科學家，他的心總是平靜，他的手執行他所忠心的任務，他不需要魯莽的血氣之勇，不需要獎勵印證他心裡的感動。從他嚴格批判自己的研究，我看到他的細心；在他持續往既定的目標邁進，我看到他的勇氣；法拉第真是所有真理探索者的最佳榜樣。」

22 祝福滿滿的一生

「諸位先生：

我帶著深深感激的心，寫信給您們。

自從一八一三年三月，我進入皇家學院工作，

轉眼已達四十九年之久，

中間除了短暫與戴維爵士前往歐洲之外，我幾乎沒有離開過您們。

皇家學院所給我的，成為我一生最快樂的感受，

您們堅定的支持與鼓勵，使我深為感激，

而我期待地呼喚，都得到快樂的響應，

願我對科學的貢獻，能算是對皇家學院的一點回饋。

我在這裡成長，已經過了成熟，邁向衰敗，
即使進入日暮晚年，仍覺這一生祝福滿滿。
我的身體殘弱，但痛苦沒有增加；
我的記憶衰退，心靈卻依然喜樂、強健。
在皇家學院教書，跟孩童討論，仍是我最甜蜜的負荷，
但是我已經無法盡責了。請求您們接受我的辭呈吧！
雖然我心深深的不捨，那一度是我摯愛的，
我依然想去幫助他們，
但這超乎我的能力，我這時所該做的決定就是退休！」
這是法拉第遞給皇家學院的辭呈。

最後的交託

一八六五年，法拉第在皇家學院做最後一次的演講。他滿頭白髮，扶著瘸腿

的老妻，慢慢地走在天藍色的軟地毯上，直到講臺。他搬了一張椅子，放在講桌旁邊，扶著妻子坐在椅子上後，他才站到講桌前，他四顧依然熟悉的桌子、椅子、黑板、窗簾、學生。法拉第最後一場的演講，是感謝他的妻子：

「她，是我一生第一個愛，也是最後的愛。
她讓我年輕時最燦爛的夢想得以實現；她讓我年老時仍得安慰。
每一天的相處，都是淡淡的喜悅；每一個時刻，她仍是我的顧念。
有她，我的一生沒有遺憾。我唯一的掛念是，
當我離開之後，一生相顧、相愛的同伴，如何能忍受折翼之痛，
我只能用一顆單純的信心，向那位永生的上帝呼籲：
『我沒有留下什麼給她，但我不害怕，
我知道，你一定會照顧她，你一定會照顧她！』」

一八六六年，法拉第愈來愈衰弱了、記憶力也嚴重的喪失了。他的學生，皇

家學院的會員，羅斯可爵士（Sir Henry Roscoe）來看他，並帶來法拉第以前實驗的器材。羅斯可在溶液裡加入金粉的微粒，在一束強光的照射下，懸浮的金粉膠體，在水中閃爍著金黃美麗的光彩。

法拉第曾經在聖誕教室裡對孩子們示範這個實驗。撒拉低頭對法拉第輕聲問道：「你還記得你的實驗嗎？」法拉第微弱地回答道：「噢！當然！多麼美麗的金色！多麼美麗的金色！」

一八六七年八月二十五日，法拉第坐在椅子上，看著窗外的藍空，安靜地走完他一生的路程。撒拉在葬禮上唸著法拉第的最後一句遺言：「我的一生，是用科學事奉我的上帝。」法拉第有太多的功績，他認為死亡是很個人的事，只要求簡單地在自己的墓碑上刻著：

「米契爾·法拉第
生於一七九一年九月二十二日
卒於一八六七年八月二十五日」

風靜靜地吹著，依稀聽到撒拉唸著法拉第晚年喜愛的一首詩：

「夜幕低垂星明亮，
遙遠的天際傳來陣陣的呼喚。
輕解繫岸的繩索，
靜靜地滑入海洋。
不再攜帶指示方位的羅盤；
不再恐懼兩旁的波浪。
我知道此刻，
我終將親眼見到那引導我一生的領航者。」

法拉第年譜

西元	事蹟
一七九一年	出生於英格蘭紐寧頓鎮
一七九六年	父親搬家到倫敦，住在雅各井馬廄店樓上
一八〇二年	妹妹馬格麗特出生，父親身體逐漸衰弱
一八〇四年	小學畢業，進入雷伯先生的訂書店打雜
一八〇五年	正式升為訂書店學徒
一八〇九年	讀到以撒．華滋的書──《悟性的提昇》，找到讀書的方法 讀到悌爾的作品──《電學》，開始對電學有興趣 開始在雷伯的店後面，做電學實驗 父親再搬家到威茅斯街

一八一〇年	進入鐵頓先生的科學教室 父親病逝
一八一三年	成為皇家學院實驗室助理 與戴維前往歐洲旅行 幫戴維作實驗，發現碘元素
一八一四年	幫助戴維分析金鋼鑽石是由碳組成的 分析火山放出的氣體是甲烷 分析古希臘的顏料中含氧化碘
一八一五年	自歐洲返回，繼續在皇家學院擔任助理與實驗室儀器、礦物標本管理員
一八一六年	發表第一篇研究報告——〈托斯卡尼石灰岩在自然狀態下之腐蝕分析〉 在都市哲學學會擔任無機化學的講師 幫助戴維從事安全礦燈的製造
一八一七年	發表天狼石有新金屬之誤 發表棕櫚酒芳香味的來源
一八一八年	發表矽鋼的合金

一八一九年	發表低碳鋼的合金，製造會唱歌的管子
一八二〇年	氯碳化合物的研究
一八二一年	與撒拉小姐結婚 升任為皇家學院的事務與實驗室主任 發表電磁轉動的試驗，由這項實驗發現了馬達 在倫敦桑地馬尼安教會受洗，見證自己是基督徒
一八二二年	肉類與雞蛋品質的測定實驗 發表通電導線在地球磁場影響下的轉動
一八二三年	將氯氣液化
一八二四年	發現「硼玻璃」 成為皇家學院會員
一八二五年	發現苯重要的有機液體 成為實驗室主任 主持「星期五之夜討論會」
一八二六年	成立「兒童聖誕演講」

一八二七年	出版《化學操作》 拒絕倫敦大學化學系系主任的職位
一八二八年	雇用第一個助手士官長安德遜
一八三一年	發現「電磁感應」，製造第一部發電機，「電機工程」誕生
一八三二年	提出「化學當量」與著名的「法拉第定律」
一八三三年	提出「生物電能」
一八三五年	研究「極光」 開啟「電漿物理學」
一八三六年	提出「介電值」、「電容」與介電常數
一八三八年	提出「界面化學」與「表面吸附」
一八四〇年	提出「場」的觀念 被選為教會的長老
一八四一年	患失憶症到瑞士休息一年
一八四五年	提出「光的偏振」

一八四五年	提出「反磁性體」與「順磁性體」
一八四八年	提出「磁化學」
一八四九年	證明「真空可以傳播電力」
一八五〇年	罹患嚴重的頭痛與失憶症
一八五三年	受「靈異科學」嚴厲的攻擊
一八五四年	為防止「靈異」流行，建議中學需有物理與數學課程，獲得通過。
一八五七年	提出「膠體化學」與「膠凝理論」
一八六一年	自皇家學院退休
一八六二年	提出「光在磁場下的偏轉」 辭去「星期五之夜討論會」的主持
一八六四年	辭教會長老一職
一八六五年	辭「兒童聖誕演講」主持 研究「水污染」與「燈塔的照明結構」 最後一場演講

一八六七年

逝世

文經社
文經文庫 319
電學之父——法拉第的故事(修訂版)

作　　者 — 張文亮
責任編輯 — 謝昭儀
校　　對 — 張文亮、謝昭儀
封面設計 — 詹詠溱
版面設計 — 博客斯彩藝有限公司

主　　編 — 謝昭儀
副 總 編 — 鄭雪如
印　　刷 — 博客斯彩藝有限公司

出 版 社 — 文經出版社有限公司
地　　址 — 24158 新北市三重區光復路一段61巷27號8F之3
電　　話 — (02)2278-3158．2278-3338
傳　　真 — (02)2278-3168
E－mail — cosmax27@ms76.hinet.net

法律顧問 — 鄭玉燦律師 (02)2915-5229

定　　價：新台幣 250 元
發 行 日：2018 年 01 月 增訂一版
　　　　　2024 年 04 月 十刷

圖書館出版品預行編目資料
之父：法拉第的故事 / 張文亮著. --
-版. -- 新北市：文經社, 2018.02
公分. --(文經文庫；319)

978-957-663-763-6(平裝)
第(Faraday, Michael, 1791-1867)
3.通俗作品

3　106022296

有· 翻印必究
有缺頁或裝訂錯誤，
更換，謝謝。
d in Taiwan

文經社網址http://www.cosmax.com.tw/
www.facebook.com/cosmax.co 或「博客來網路書店」查詢文經社。